66

12,80
/58

Gerd Gerken

Besser verkaufen ohne Strategie

Der befreite Verkäufer

Gerd Gerken

Besser verkaufen ohne Strategie

Der befreite Verkäufer

ECON Verlag
Düsseldorf · Wien · New York · Moskau

Wenn Sie Fragen, Anregungen oder Beschwerden haben, rufen Sie uns bitte an. ECON Verlagsgruppe, Telefon 02 11/43 59–6, Fax 02 11/43 59–7 68.

Die Deutsche Bibliothek – CIP-Einheitsaufnahme

Gerken, Gerd: Besser verkaufen ohne Strategie: Der befreite Verkäufer / Gerd Gerken. – Düsseldorf; Wien; New York; Moskau: ECON Verl., 1994.
ISBN 3-430-13155-3.

Typographie: Muditax GmbH. Gesetzt aus der Garamond, Linotype. Satz: Lichtsatz Heinrich Fanslau, Düsseldorf. Papier: Papierfabrik Schleipen GmbH, Bad Dürkheim. Druck und Bindearbeiten: Bercker Graphischer Betrieb GmbH, Kevelaer. Printed in Germany. ISBN 3-430-13155-3.

WENN
VERKÄUFER
DURCH
STRATEGIEN
GELENKT
WERDEN,
KÖNNEN SIE
KEINE
SPITZEN-VERKÄUFER
WERDEN.

Inhalt

Ich liebe Verkäufer.

Sie sind immer interessiert an dem, was Menschen auszeichnet, Gefühle, Sehnsüchte und Irrationalismen. Das Wesen der Verkäufer ist deshalb ganz anders als das der strategischen Eggheads in den Management-Etagen. Diese wollen die Prozesse ordnen und den Markt rational beherrschen. Die Eggheads denken in Regeln. Aber die Verkäufer, die denken in Ausnahmen.

Und sie lieben das Unscharfe und auch das Insgeheime. Vielleicht, weil sie mehr oder weniger bewußte Verführer sind. Und wer verführen will, muß die Menschen lieben . . . denn sonst funktioniert's nicht.

Und ich mag Menschen,
die Menschen lieben.

Gerd Gerken   Miami 1994

SYMBIOTIC SELLING

PROLOG

DAS SPONTANE PRODUKT

Die Zukunft des Konsums und der mühsame Sprung zu einem neuen Verständnis für den Markt.

Die meisten Marketing-Experten und Vertriebs-Chefs gehen davon aus, daß der Konsum eine feste Größe im modernen Markt-Management ist, getreu dem Motto: »Die Welt wird sich immer mehr ändern, aber die Konsumenten werden nach wie vor konsumieren müssen.« Also bleibt der Konsum (Bedarf) die Konstante, auf die sich alles auszurichten hat.

Aber genau hier liegt der wunde Punkt. Die Trendsignale zeigen nämlich deutlich, daß sich *die Ideologien* des Konsums radikal auflösen und daß die Muster des Konsums in eine neuartige evolutionäre Drift hineingeraten sind:

Es entsteht eine neue Logik des Konsums jenseits der festen Bedarfs-Strukturen.

Die zukünftige Logik des Konsums ist eine hyperrealistische. Was heißt das? *Der Wegwerf-Charakter der Konsum-Moden* ist der eigentliche Reiz des modernen Konsums. Die Moden ersetzen die Bedarfs-Strukturen. Und es entstehen bevorzugt diejenigen Moden, die neue Realitäten erfinden. Das ist Hyper-Realismus.

Dahinter steht eine neue Konsumenten-Generation. Sie ist ausgestattet mit dem *Erregungs-Gehirn*, d. h., alles das, was nicht in seiner eigenen Evolution ist, wird als langweilig oder inexistent erlebt. Deshalb ist der kommende Konsument gekennzeichnet durch einen neuartigen Bedarf . . . den Bedarf an Konsum-Moden.

Damit stirbt die Ur-Idee des Marketings, nämlich *die Anpassung an den Bedarf*. Wenn der Konsum hyperrealistisch wird, dann erzeugt er seine Attraktion durch die Veränderung seiner Attraktoren:

> **Nur das, was sich selbst permanent untreu ist, wird attraktiv.**

Es gibt deshalb keine zielbaren Zielgruppen mehr, keine Ziel-wirkungen und auch keine Ziel-Medien. Alles wird instabil und chaotisch. Und in diesen chaotischen Konstellationen, die ja durch Nicht-Linearität gekennzeichnet sind, kann man nicht mehr Ziel-Optimierung betreiben. In instabilen Märk-ten reduziert sich die Kausalität und wird zur Randgröße:

> **Wo keine Kausalität herrscht, kann man nicht mehr optimieren.**

Für Verkauf und Markt-Management bedeutet das eine exi-stentielle Herausforderung, weil nun der neue Bedarf *eine Nachfrage nach Widerspruch und Evolution* ist. In der Chaos-Forschung wird dieses Phänomen als »stabile Instabilität« gekennzeichnet.

Der Konsument unserer Tage verändert dadurch immer mehr seinen Fokus: Er schielt sozusagen permanent in Richtung der Jugendkultur, weil sie eine *Kultur der täglichen Evolutio-nen* ist. Stichwort: Kid-Influence.

Schon heute existiert ein heimlicher Trainings-Prozeß, der von den Kids zu den Älteren läuft. Man nennt das eine »*ent-gegeneilende Diffusion*«. Die älteren Konsumenten opponie-ren zuerst gegen die neuen Ideen und Konsumwelten, über-nehmen aber noch während ihrer Anti-Phase genau die neuen Muster . . . wenn auch in abgeschwächter Form.

> **Das, wogegen man ist, wird zum heimlichen Lehrmeister für das, wofür man später ist.**

Das erschwert das Management der Markt-Gestaltung beträchtlich. Das erschwert auch das bisher übliche lineare Verkaufen, also das Verkaufen, das durch klare Ziel-Vorgaben gesteuert wird.

Das moderne Erregungs-Gehirn der jüngeren Konsumenten *macht aus Produkten mentale Moden,* die sich spontan entwickeln. Und die entgegeneilende Diffusion zerstört die souveräne Ruhe der Zielgruppen und Typologien. Kurz: Aus dem ehemals kalkulierbaren Markt wird ein Tanz der unterschiedlichen Evolutionen. Keiner weiß, welche Strukturen sich neu bilden werden, weil sich alle wechselseitig derart beeinflussen, daß immer mehr zum gleichen Zeitpunkt möglich wird.

Dementsprechend lautet auch der heimliche neue Mythos des Marktes: *Gleich-Zeitigkeit.* Es geschieht immer mehr zur gleichen Zeit. Und darauf reagiert das Product-Management durch eine ungeheure Zunahme der Produkt-Varietäten, also durch *Fragmentierung,* und zugleich durch eine geradezu sensationelle Verkürzung der Lebenszyklen der Produkte, genannt *Kinetik.*

Fragmentierung und Kinetik sind also die beiden Eigendynamiken, die unsere Märkte jetzt massiv beeinflussen. Und der neue Konsument wird diesen beiden Dynamiken immer mehr folgen. Das hat folgende Konsequenzen:

1. *Das Image der Produkte wird immer weniger Bedeutung haben:*

Der Markt verliert seine Strukturen, weil er nur noch aus Bewegungen besteht.

Image ist eine Ordnungs-Größe, die sich durch Wiederholung und Vergangenheit manifestiert. Parallel dazu ist das Image abhängig von »erlebten Defiziten« seitens der Konsumenten. Die neue, globale Gruppen-Phantasie der Konsumenten hat sich aber seit Mitte der achtziger Jahre deutlich verändert.

Sie ist gewandert vom »*erotischen Materialismus*« zur »virtuellen Ekstase«, wie Lloyd deMause, der bekannte Psycho-Historiker, erforscht hat. Die Konsequenz: Die Dinge, die man als Konsument nicht besitzt, haben keinen besonderen Image-Glanz mehr. Damit fällt eine weitere wichtige Säule des klassischen Marketings in sich zusammen: das Locken mit dem Defizit-Prestige.

Die Attraktivität der Produkte bildet sich jenseits der Image-Profile.

2. *Die Bedeutung des Faktors »Kompetenz« wird geringer:*

Kompetenz ist ebenfalls eine Ordnungsgröße, die durch Vergangenheit in Verbindung mit Sicherheit etabliert wird. Wenn aber die Märkte und die Konsumenten immer mehr in die Dynamik der Evolution hineinwandern, dann werden die historischen Dimensionen (Kompetenz als Wiederholungs-Sicherheit) immer contra-produktiver.

Die evolutionäre Dynamik verschiebt unsere Kultur seit Jahren schon immer mehr in die Richtung der *Leading Edge.* Das ist diejenige Kante der Evolution, an der

Das Tempo der Wandlungen beschleunigt sich so sehr, daß der Alltag zur Evolution wird.

jeden Tag die unterschiedlichen Orientierungen und Moden aufeinanderprallen. Dort lebt inzwischen das Bewußtsein unserer Kultur. Und dort plaziert sich inzwischen auch die Identität der meisten Konsumenten. An die Stelle der Kompetenz rückt daher das, was man in der neueren Sozio-Forschung *»Autopoiese«* nennt ... also die *spontane Selbstherstellung von Prozessen, Ideen und Orientierungs-Moden:*

Autopoiese ersetzt historische Kompetenz.

3. *Es wird immer weniger Markentreue geben:*

Die Treue der Konsumenten in bezug auf ihre Marken war bisher das Ergebnis eines »statischen Gehirns«, weniger das Ergebnis von überragenden Werbe-Kampagnen. Wenn sich aber das Gehirn nun in epochaler Weise verändert – was die neuesten Untersuchungen vom Max-Planck-Institut für Neuroforschung in Frankfurt am Main gezeigt haben –, dann *ist geistige Treue kein Wert mehr.*

Marken-Treue entsteht durch die Evolution der Marke.

Der kommende Konsument versteht die Marken-Treue nicht mehr als Belohnung für gestrige Produkt-Qualitäten und schon gar nicht als Vorschuß-Sympathie für mögliche Angebote. Damit rutscht Treue immer mehr in das hinein, was in der modernen Forschung *»Punkt-Zeit«* genannt wird.

Aus dieser Sicht verändern sich auch die Prinzipien des Markt-Managements gewaltig: *Aus materiellen Produkten werden mentale Objekte,* die in den codierten Räumen unserer Gesellschaft plaziert sind.

Das bedeutet für die Produkte und Marken, daß sie bei ihren Kunden eine permanente mentale Profilierung betreiben müssen, weil sie sonst nicht in den codierten Räumen präsent sein können. Etwas verkürzt ausgedrückt: Wer seine Marke nicht permanent neu und öffentlich ritualisieren kann, kann keine Treue erwarten.

Treue ist das Ergebnis von permanenten Transformationen des Angebotes.

Die Sache erschwert sich insofern noch etwas, weil dabei auch die öffentlich codierten Räume wandern. Im

Moment verlagert sich z. B. der codierte Raum, in dem Nahrungsmittel erlebt werden, folgendermaßen: Er wandert von Genuß zu Action und Entertainment. Bei den Spirituosen ändert sich der codierte Raum derzeit wie folgt: von der situativen Entlastung zum sozialen Narzißmus.

Fast alle Branchen erleben derzeit, daß sich ihre codierten Räume verwandeln. Und mit hoher Wahrscheinlichkeit werden die meisten Branchen in Zukunft dadurch gekennzeichnet sein, daß ihre Codierungen permanent wandern:

Der oberste Code aller Produkte wird Wandel sein.

Die Zukunft der Markenführung verlangt also ein permanentes »Flow-Management«. Man muß die Angebote und Marken immer wieder mental neu herstellen durch Inszenierungs-Aktionen und muß sie zugleich mitwandern lassen mit den Wanderungs-Bewegungen der öffentlich codierten Räume. Die Konsequenzen daraus:

Die Angebote verlieren ihre natürliche Attraktivität.

Wer nicht immer wieder neue Attraktivitäten inszenieren kann, kann immer schlechter verkaufen.

Spontane Inszenierungen ersetzen die vorgeplante Strategie.

Für die Markentechnik bedeutet das, daß man am besten diejenigen Inszenierungs-Prozesse organisiert, die die Marke »täglich evolutionär verlebendigen« und die zugleich in der Lage sind, die codierten öffentlichen Räume mitzugestalten.

17

Das klingt reichlich abstrakt, aber im Grunde sind das klassische Ritual-Techniken, wie sie z. B. die Sekten und die großen Kirchen seit Jahrhunderten einsetzen:

Es sind die Techniken der Selbstreferenz ... Techniken, die den Produkten eine lebende Eigen-Welt vermitteln.

Und in der Tat gibt es vielfältige Trendentwicklungen, die beweisen, daß es eine Bewegung dorthin gibt ... eine Bewegung weg von den strategischen Profilierungs-Techniken der Marke *hin zu den rituellen Inszenierungs-Techniken.* Typisch dafür sind Event-Prozesse, Lifestyle-Clubs und Szenen-Sponsoring. Diese neuartigen Techniken plazieren das Produkt oder die Marke in ein öffentliches Ritual (Diskurs), so daß sie Agenten der öffentlich codierten Räume werden. Ein typisches Beispiel dafür ist die Aktion »Die Minister«, die von Philip Morris im Herbst 1992 gestartet wurde.

4. *Das Interesse an Ich-Konzepten wird rapide wachsen:*

Das neue Gehirn des zukünftigen Konsumenten benötigt eine permanente Kooperation mit den Trends und Inszenierungen der Gesellschaft. Das wird Co-Evolution genannt. Da das moderne Gehirn ein Erregungs-Gehirn ist, das alle evolutionären (erregenden) Prozesse besonders intensiv wahrnimmt, werden alle statischen und auf Ordnung ausgerichteten Prozesse immer mehr *als Null-Information (Redundanz) ausgeblendet.*

Das neue Gehirn kann deshalb mit Penetrations-Techniken à la USP, Kompetenz und Image sehr wenig anfangen. Das neue Gehirn beantwortet deshalb durch Hard-Selling mit Abwehr. Die neue Konstellation aller Angebote lautet demnach:

18

Je öfter sich Gleiches wiederholt, um so mehr verschwindet das Wiederholte.

Je mehr Druck der Verkäufer macht, um so schwieriger wird sein Verkaufen.

Die neue Erregungs-Dynamik gilt nicht nur für Produkte und Marken, sondern natürlich auch für das Ich der Konsumenten. Schon heute gibt es den starken Trend zur »*Multiphrenie*« (Kenneth J. Gergen).

Was heißt das? Immer mehr Menschen multiplizieren ihre Identitäten, damit sie *mehrere Welten zugleich erleben* können. Für dieses neuartige Spiel benötigen die Konsumenten aber auch neuartige Partnerschaften. Sie sind daran interessiert, ihre unterschiedlichen Ichs immer wieder neu zu erfinden und zu variieren:

Sie sind weggewandert von der Selbstverwirklichung zur Selbsterfindung.

Wie pädagogische Forschungen nun gezeigt haben (z. B. die von Prof. Dr. Thomas Ziehe), ist dadurch ein *Wir-Ich* entstanden, also eine neuartige Form von Narzißmus, der nicht Ich-Verliebtheit bedeutet, sondern *Reaktions-Verliebtheit*. Ihre unterschiedlichen Identitäten genießen die Konsumenten durch die unterschiedlichen Eintritte in Szenen, Netzwerke und Lifestyle-Moden. Die Konsumenten benutzen sozusagen die wachsende Widersprüchlichkeit und Mode-Dynamik der Konsumwelt, um sich selbst immer besser erleben und häufiger neu erfinden zu können. Dieser Prozeß wird Co-Evolution genannt.

Für Verkauf und Marketing stellt das eine unüberwindbare Herausforderung dar, weil man mit den gängigen Techniken, z. B. Positioning, USP-Penetration und Kompetenz-

Marken-Kern, dieses neuartige Bedürfnis nach Co-Evolution nicht mehr befriedigen kann. Kurz:

> **Mit Anpassungs-Kommunikation kann man nicht zum Partner co-evolutionärer Entwicklungen werden. Mit ziel-abhängigem Verkaufen verkauft man weniger.**

Deshalb entsteht in den meisten Industrienationen inzwischen eine neue Basis des Markt-Managements, genannt »Relationship-Management« oder auch »Interfusion«.

Hinter all diesen Neuerungen steht die zentrale Idee der »Lifeware« ... also das permanente Angebot von Identitäts-Material und das permanente Sponsern derjenigen Inszenierungs-Prozesse in unserer Gesellschaft, die den Menschen helfen können, eine kreative Selbsterfindung zu betreiben. Mit anderen Worten:

> **Das bedarfs-orientierte Marketing kann den neuen Bedarf an »Co-Evolution« nicht befriedigen. Lifeware wird deshalb immer mehr die klassische Werbung ersetzen:**

> **Das Erfinden von neuen Zukünften und neuen Ich-Erlebnissen wird zum Fundament des Verkaufens.**

5. *Das Interesse an Zukünften wird immer größer:*

Wenn der Attraktor »Evolution« nun immer deutlicher in den Konsum hineinwandert, dann verändert sich auch der Kontext des Konsums. Das, was wird, wird wichtiger als das, was ist. Und alles das, was Offenheit signalisiert, erhält mehr Zuwendung als das, was Abgeschlossenheit repräsentiert. Im neuen Paradigma, das sich jetzt in der

Wissenschaft herausgebildet hat, wird es das »Offene Werden« genannt.

Der moderne Konsument operiert als Mitgestalter dieses Offenen Werdens. Hier liegt auch sein unbewußter Stolz. Das hat für Marketing und Verkauf viele wichtige Konsequenzen. Die wichtigste ist wohl die, daß der Faktor »Kontingenz« in Zukunft immer wichtiger wird. Kontingenz kann man übersetzen als *gewagtes Risiko*. Und es ergibt sich daraus die Eigengeschichtlichkeit einer Marke. Die Bedeutung eines Angebotes.

Für die Markt-Manager bedeutet das ein Umschwenken auf die Faktoren »*Risiko, Zufall und Glück*« (W. Brian Arthur). Für die Werbung gilt, daß sie das

Die Attraktivität eines Produkts entsteht aus seiner Fähigkeit, über seine eigenen Grenzen zu gehen.

Recht bekommen muß zu floppen, so wie viele Produkte ebenfalls das Recht haben, im Sinne des modernen Trial-and-error-Spiels zum Flop zu werden. Und für die Verkäufer? Für die Verkäufer kommt nun die Zeit, in der sie befreit werden von den Fesseln der langfristigen und logischen Strategie.

Nur ein befreiter Verkäufer kann in Zukunft erfolgreich sein:

Er ist befreit von der Enge der Ziel-Vorgaben und somit frei für die spontane Co-Evolution mit seinem Kunden.

Wenn die *Markt-Kommunikation* (also z. B. Werbung und Verkaufs-Gespräche) dem neuen Attraktor der Evolution folgen will, muß sie *als Instrument des Offenen Werdens funktionieren*, d. h., sie muß als Risiko-Kommunikation aufgefaßt werden und nicht als eine Kommunikation, die auf jeden Fall perfekt ankommen muß.

Damit wandern Werbung und Verkauf direkt in den evolutionären Diskurs, durch den die Gesellschaft jeden Tag den aktuellen Orientierungs-Fokus um einige Millimeter nach vorn in die Zukunft verschiebt. *Die Kommunikation wird zur Zukunfts-Erzeugung.*

Die Kommunikation muß Zukunft verkaufen. Die Werbung wird zum symbolischen Code für die nächste Zukunft.

Die aktuelle Benetton-Kampagne trägt viele Züge dieser Kontingenz-Kommunikation, weil sie die gesellschaftlichen Diskurse nach vorn getragen hat, z. B. durch das berühmt-berüchtigte Aids-Motiv: Das war pure Provokation. Aber es wird in Zukunft nicht nötig sein, nur über Provokation à la Benetton zu arbeiten: Kontingenz läßt sich auch herstellen über Sehnsüchte, Mythen, Lifestyle-Moden und Zukunfts-Hoffnungen. Kontingenz verlangt vom Verkäufer und vom Product Manager nur eines: *eine wagende Kommunikation*, die auch diejenigen Themen und Ideen präsentiert, die in der Gefahr stehen, nicht verstanden oder akzeptiert zu werden.

Damit verlagert sich die verkaufende Kommunikation in das *Feld der symbolischen Codierung*. Die Kontingenz-Kommunikation wird zum Symbol für Zukunfts-Glaube und evolutionäre Verantwortung, ganz unabhängig davon, was von dieser Kommunikation verständlich oder akzeptabel ist:

Die Verkaufs-Kommunikation transportiert nicht nur Nachrichten, sondern wird zum Symbol der Herstellung von Zukünften.

Alles in allem: Der neue Konsument verlangt *mehr Unterschiede* durch mehr Fragmentierung. Er will zugleich mehr Abwechslung durch den permanenten Flow der Angebote. Es gibt keinen stabilen, zielbaren Bedarf mehr, sondern nur noch einen höheren Meta-Bedarf, den Bedarf an wachsenden Differenzierungen und wachsenden Wandlungen.

Der Konsument will zugleich *mehr Führung* im Sinne von Co-Evolution. Er will mehr Nähe und Netzwerk-Wärme und auch mehr Zukunfts-Optionen. Er will also nicht nur den Wechsel von der Einbahn-Kommunikation zur Dialog-Kommunikation, sondern er will auch die *permanente Organisation von Lifeware*. Mit anderen Worten:

Die gemeinsam zwischen Anbieter und Konsument hergestellte Lifeware wird zum eigentlichen Produkt.

Der Verkäufer und sein Kunde
erzeugen spontan das Produkt,
das sich am besten verkaufen läßt.

Das klassische Marketing kann diese neuen, co-evolutionären Prozesse kaum sorgfältig und umfassend gestalten. Auch die zentrale Verkaufs-Leitung kann diesen Prozeß strategisch nicht vor-planen. Im Gegenteil: Je mehr Kommunikations-Strategien dem Verkäufer zur Pflicht gemacht werden, um so »altmodischer« wird er verkaufen, weil er darin behindert wird, das *spontane Produkt* mit dem Kunden spontan herzustellen.

Deshalb wird sich die Verkaufs-Kommunikation der Zukunft *von der Dominanz der Marketing-Strategie trennen* zugunsten einer evolutionären Beziehungs-Idee, die man Interfusion nennen könnte. Und das hat wiederum folgende Konsequenzen:

1. Aus Werbung wird Lifeware.
2. Aus Verkaufs-Förderung wird Beziehungs-Förderung.
3. Aus Verkaufen wird Zukunfts-Partnerschaft (Symbiotic Selling).

Zu Ende geht damit die zielgeleitete Anpassungs-Strategie des bisherigen Verkaufs-Managements. Das Verkaufen zielt nicht mehr auf den stabilen Bedarf der Kunden, der angeblich strategisch-berechenbar ist ... *das Verkaufen managt Evolution* durch kooperative Zukunfts-Erfindungen ... kooperativ zwischen Verkäufer und Kunde. Die wichtigste Konsequenz für die kommende Verkaufs-Kommunikation bedeutet: Wir müssen unseren Kopf umschalten vom Struktur-Denken zum Prozeß-Denken. Beim klassischen Konzept des Verkaufens dominierte das Produkt. Beim Marketing dominierte der Bedarf. Beide Dimensionen sind aber Struktur-Dimensionen, die durch Ordnungs-Strategien gemanagt werden konnten.

Bei Interfusion und Symbiotic Selling dominierten dagegen der Faktor der Co-Evolution: Produkt und Bedarf werden nur noch Werkzeuge eines instabilen, also evolutionären Prozesses. Das Produkt wird kinetisch. Der Bedarf wird kinetisch. Beide beeinflussen sich in ihrer permanenten Co-Evolution. Und das bedeutet für die Manager ein Umschalten auf Prozeß-Dynamik. Das zukünftige Verkaufs-Management wird Prozesse managen im Fluß von Evolutionen. Es wird damit auch seinen Schwerpunkt verlagern

von der Bedarfs-Manipulation zur Beziehungs-Intelligenz.

Alles in allem bekommen wir nun eine klare Programmatik
für das neue Verkaufen:

VOM VERKAUFEN ZUR MENTALEN PARTNERSCHAFT

SYMBIOTIC SELLING

TEIL 1

DER
BEFREITE
VERKÄUFER

Auch der Verkäufer schnuppert jetzt den frischen Wind der Evolution.

Ich habe in den letzten Jahren viele Bücher über Verkaufen und Verkäufer analysiert. Ganz bewußt habe ich mir all das besorgt, was zu diesem Thema als Bestseller auf dem Markt war, und habe auch die entfernteren Bücher zu diesem Thema durchgearbeitet, immer in der Hoffnung, daß beim Thema »Der neue Verkäufer« endlich auch einmal der Knoten platzen würde. Ist er aber nicht!

Natürlich sind die Bücher, die ich gelesen habe, trotzdem hervorragend und oft auch ausgesprochen gut lesbar, aber es sind zumeist sehr praktische und damit handfeste Bücher. Und das ist ihr Nachteil!

Denn wenn man die Praxis ganz konkret und damit »praktisch« machen will, dann *landet man immer in der Gegenwart,* also immer in dem, was wir jetzt ohnehin schon mehr oder weniger perfekt tun. Man findet dann keinen Zugang mehr zu seiner eigenen Selbst-Erneuerung.

Und so gibt es auch nur wenig Ansätze zum Thema »Besser verkaufen«, die den *aktuellen Atem des neuen Paradigmas* aufweisen. Ganz offensichtlich findet die Zukunft im Verkauf so gut wie gar nicht statt: Die Evolution muß vor der Tür bleiben!

Auf der anderen Seite betreue ich mehrere große Vertriebs-Organisationen, und das schon seit mehreren Jahren, habe daher ausgesprochen viele Rückkopplungen von Verkaufsleitern und Spitzenverkäufern erhalten. Und aus diesem Spektrum, das mir die Profis signalisieren, wird folgendes sichtbar:

- Es gibt eine kleine Gruppe von *absoluten Star-Verkäufern,* die mehr oder weniger brillant alles verkaufen können. Oft wissen sie nicht genau, warum sie so brillant sind. Aber sie sind es. Und das reicht.

- Die vielen publizierten How-to-do-Bücher sind oft meilenweit von dieser *natürlichen Virtuosität* der Starverkäufer entfernt. Die in Buchform verkündete Praxis zeigt nichts von der Virtuosität und Genie-Leichtigkeit der Starverkäufer. Sie ist mechanistisch und – was das Menschenbild betrifft – oft auch ausgesprochen plump-naiv.

- In den meisten Märkten wird aber das *Verkaufen immer schwieriger,* weil ein *neuer Konsumenten-Typus* dabei ist, sich durchzusetzen, und weil in immer mehr Märkten die *Intensität der Konkurrenz* zugenommen hat (siehe hierzu den Prolog ab Seite 12).

- Deshalb gibt es ein wachsendes Bedürfnis von der »Verkäufer-Front«, wie man so schön und häßlich zugleich sagt, nach neuen Rezepturen und neuen Modellen, die der neuen Dynamik der Märkte besser folgen können.

- Deshalb gibt es auch immer mehr Rezeptbücher über »Power-Selling« oder »Super-Selling« ... aber das sind meistens wieder Rezepte von echten Spitzenverkäufern, die deshalb nicht funktionieren, weil sich die Spitzenverkäufer selbst nicht wirklich daran halten ... eben weil sie persönlich zu genial, zu virtuos und methodisch zu komplex sind: Sie verkaufen immer besser als ihre Regeln.

- So bleibt denn für die vielen »normalen Verkäufer« nichts anderes übrig, als sich in den *wachsenden Frust* hineinzuarbeiten. Und der entsteht deshalb, weil das Verkaufen einerseits immer schwieriger wird, während die goldenen Regeln der Verkaufs-Trainer und der Verkaufs-Stars im Grunde jenseits der wirklichen Virtuosität liegen. Was also nötig wäre, ist eine

theoretische und methodische Transformation des Verkaufens als Prozeß.

Und genau das will ich hier versuchen, zumindest will ich einen ersten Diskussions-Beitrag dafür anbieten. Und deshalb heißt dieses Buch auch »Der befreite Verkäufer«: ... befreit von den allzu klaren Strategien und den viel zu guten Super-Methoden des Verkaufens. Neu daran soll in erster Linie der Bezugsrahmen sein, also die Theorie, und die Box-of-Instruments, also die Methoden und die zugrundeliegende Theorie.

Beginnen will ich mit der Beschreibung derjenigen *evolutionären Dynamik,* die für unsere Gesellschaft das kommende Fundament entwickelt. Auf diesem Fundament muß das neue Verkaufen unbedingt stehen, wenn es wirklich erfolgreich sein soll. Denn:

**Es hat keinen Zweck,
immer mehr auf Power-Selling zu setzen,
wenn sich die Bedingungen für das Power-Selling
mehr und mehr verflüchtigen durch den
Wandel unserer gesellschaftlichen Dynamik.**

Das folgende Übersichts-Bild (Seite 31) versucht, die wichtigsten Dimensionen der neuen evolutionären Dynamik aufzuzeigen:

Betrachten wir die einzelnen Dimensionen etwas genauer. Es wird ein kleiner Ausflug in die modernste Theorie der Wissenschaftler werden und somit auch ein wenig abstrakt. Aber es

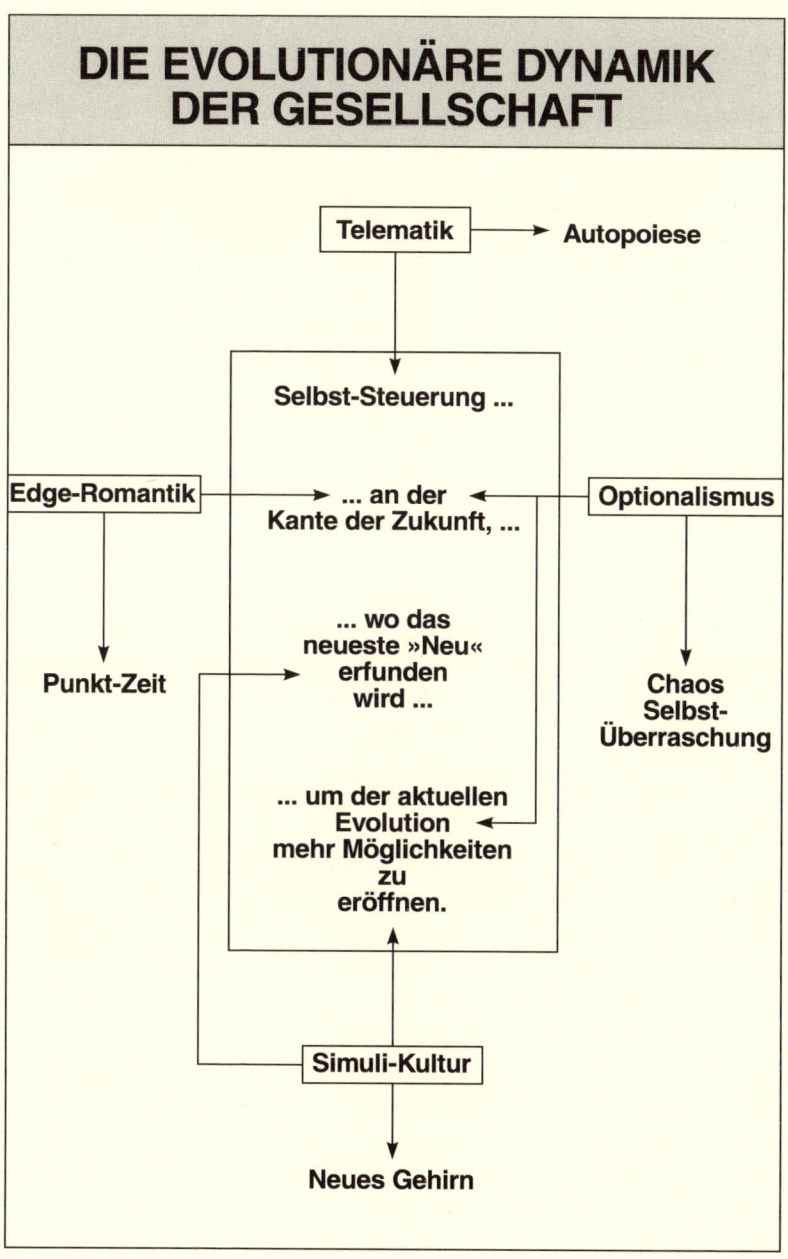

DIE EVOLUTIONÄRE DYNAMIK DER GESELLSCHAFT

Telematik → Autopoiese

Selbst-Steuerung ...

Edge-Romantik

... an der Kante der Zukunft, ...

Optionalismus

Punkt-Zeit

... wo das neueste »Neu« erfunden wird ...

Chaos Selbst-Überraschung

... um der aktuellen Evolution mehr Möglichkeiten zu eröffnen.

Simuli-Kultur

Neues Gehirn

lohnt, sich da durchzubeißen . . . denn es ist die Begründung für die Befreiung des Verkäufers.

1. Das Verkaufen der Zukunft wird den neuen *Trend zur Autopoiese* berücksichtigen müssen, also den Trend, daß sich die Sub-Systeme unserer Gesellschaft immer mehr ausdifferenzieren und daß immer mehr *autonome Dynamik* in diese getrennten Sub-Systeme hineinläuft.

2. Der Effekt dieser Differenzierung besteht darin, daß unsere Gesellschaft immer mehr *auf Selbst-Steuerung setzt*. Das ist der *Telematik-Trend,* der in etwa besagt: Die Steuerung unserer Gesellschaft ist das Ergebnis von vielen rivalisierenden Selbststeuerungs-Bestrebungen.

3. Für das Verkaufen bedeutet das eine enorme Verkomplizierung, weil dadurch ein *grundsätzlicher Richtungswandel* in Richtung Selbst-Ordnung und Selbst-Steuerung vollzogen wird, d. h., immer mehr Gruppen und Individuen, also auch Konsumenten, befreien sich von dem Glauben, daß alles zentralistisch gesteuert werden müßte, um »vernünftig« gesteuert zu werden.

4. Somit wird eine grundsätzlich neue Bereitschaft der Konsumenten entwickelt, die schon heute deutlich in der Marktforschung erkennbar ist: Die *Manipulations-Bereitschaft* der Konsumenten läßt rapide nach. Und der Stolz auf Eigenbestimmung und Eigen-Verantwortung nimmt überdurchschnittlich zu.

5. Der befreite Verkäufer muß deshalb Wege finden, um sich in diejenigen *Eigen-Dynamiken zu integrieren,* die ohnehin in der Gesellschaft laufen und die immer mehr Autonomie erhalten.

6. Eine weitere Dimension unserer Gesellschaft ist die *Edge-Romantik,* also die Verlagerung der kollektiven Identität der Menschen nach vorn, also zur Edge ... zu jener Kante, an der täglich das Neue entsteht.

7. Die Gesellschaft bemüht sich schon seit einigen Jahrzehnten, ihre einseitige Vergangenheits-Glorie aufzulösen unter dem Stichwort *»Das Ende der Geschichte«.* Der neue Fokus zeigt in Richtung Zukunft. Und damit entsteht ein neues Zeitgefühl: die Punkt-Zeitlichkeit.

8. In dieser *Punktzeit* treffen sich Evolution (Zukunft), Risiko (Chance) und Gegenwart. Damit wächst in unserer Kultur die grundsätzliche Bereitschaft, die *permanente Instabilität* einer Evolution aushalten und nutzen zu wollen.

9. Für den befreiten Verkäufer bedeutet das, daß das Thema »Kontingenz« plötzlich für ihn ganz wichtig wird. Kontingenz kann definiert werden als dasjenige Risiko, durch das eine Gesellschaft ihre eigene Zukunft herstellt: Kontingenz ist evolutionär erfolgreiches Risiko.

10. Wenn sich aber eine Gesellschaft auf Kontingenz umprogrammiert, dann muß das auch der Verkäufer tun. Er wird dann nicht mehr zum Erklärungs-Spezialisten für Produkte, Funktionen, Vorteile und Nutzen, sondern er wird zu einem neuartigen Spezialisten für die *gemeinsame Herstellung von Zukünften (Imagination),* die noch nicht in der Gegenwart sind.

11. Der befreite Verkäufer bekommt damit die Aufgabe, *spontane Szenarien* an die Stelle des Produktnutzens zu stellen. Er wird für den Kunden zum Partner einer co-evolutionären *Zukunfts-Simulation.*

Es ist klar, daß ein solches Konzept ein verändertes

Instrumentarium benötigt. Das, was in den meisten Verkaufs-Büchern als »Technik« präsentiert wird, dient überwiegend der Deklaration und *Interpretation der Produkte* und ihrer Funktionen bzw. Vorteile:

Es gibt noch keine Verkaufs-Techniken für Zukunfts-Stimulation.

12. Eine ganz andere Dimension unserer Kultur ist *Chaos,* verstanden als die Ordnung für Nicht-Linearität. Chaos wandert immer mehr in die Märkte hinein und bringt eine völlig neue Vibration mit ins Spiel: das Phänomen der *Selbst-Überraschung.*

13. Für unsere aktuelle Kultur bedeutet das eine andere Strategie in bezug auf die Produktion des öffentlichen Bewußtseins. *Optionalismus* ist das Schlagwort dazu. Man könnte es wie folgt definieren: Unsere Gesellschaft bemüht sich, immer mehr Möglichkeiten möglich zu machen, als möglich sind.

14. Es geht also um die bewußte Vermehrung der Perspektiven und *Ausweitung der Bewußtseine.* Das ist der Grund dafür, weshalb so viele chaotische oder fraktale Tendenzen derzeit zu beobachten sind: Alles multipliziert sich und fragmentiert sich, und damit wächst die Unübersichtlichkeit, was wiederum zu einer permanenten *modischen Dynamik* führt: Zeitgeist wird zum Medium der Weltherstellung, und Selbst-Überraschung ist die neue evolutionäre Intelligenz für moderne Kulturen.

15. Für den befreiten Verkäufer bedeutet das, daß sein Spektrum, mit dem er verkauft, immer breiter, immer modischer und auch immer zeitgeistiger werden muß. Das ist das, was Maturana und andere eine »*strukturelle Kopplung*« nennen: Dasjenige Produkt hat am mei-

sten die Qualität und Glaubwürdigkeit, das sich am häufigsten mit aktuellen Strömungen und zeitgeistigen Brüchen verbinden kann. *Qualität durch Evolution.*

16. Für den befreiten Verkäufer bedeutet das eine wichtige Achsenverlagerung seiner Argumentation, nämlich weg vom Produkt hin zu dem *fluktuierenden Umfeld des Produktes.* Es verlangt vom Verkäufer eine neue aktive Rolle als Agent für die Vernehmung der Zukünfte. Er muß sozusagen zum positiven Provokateur von neuem Bewußtsein und unbekannten Zukunfts-Möglichkeiten werden, weil er damit seine bisherige Rolle als Verkäufer überwinden kann zugunsten der neuen Rolle: *Selfware-Berater.*

17. Der befreite Verkäufer wird als Selfware-Berater operieren. Das ist seine heimliche neue Rolle. Und die ist eine optionale Rolle: Er hilft

Der Verkäufer der Zukunft verkauft diejenige Zukunft, die dem Kunden hilft.

den Menschen, ihr Ich und ihre Welt immer wieder neu zu konstituieren, indem er nicht den Bedarf oder die Defizite der Konsumenten befriedigt, sondern diejenigen Optionen per Gespräch in das Leben der Konsumenten hineinträgt, die für die Konsumenten derzeit noch nicht denkbar waren: Der Selfware-Berater verkauft das *noch nicht bewußte Bewußtsein.*

18. Eine gleichfalls wichtige neue Dimension entwickelt sich aus den Veränderungen, die sich in den Gehirnen der Menschen vollziehen. Es entsteht ganz offensichtlich eine *neue Gehirn-Dynamik* für den modernen Menschen, die diesen befähigt, sich in der *Multiplizität* unserer Welt immer besser zurechtzufinden.

19. Dieses neue Gehirn ist ein Gehirn der Spontaneität und der Fluktuationen und damit ein Gehirn, das wesentlich näher bei Chaos als bei Struktur liegt. Es ist das, was man heute in der Gehirn-Forschung bereits das *»Erregungs-Gehirn«* nennt.

20. Damit wird für die Konsumenten alles das, was allzu logisch, bekannt und fest ist, immer mehr zur *Redundanz*, also zur Null-Information, so wie ja grundsätzlich die Historie immer mehr zu einem Artefaktum wird, das sich immer mehr dem Leben verschließt, sich sozusagen langsam verabschiedet.

21. Was der moderne Konsument will, sind *viele Welten zum Auswählen*, um dadurch besser in der Realität der Multiplizität zurechtkommen zu können. Deshalb hat sich bereits eine *Simuli-Kultur* entwickelt, also eine *Kultur der inneren Bilder* und der parallelen Simulationen im Gehirn. Man nennt es auch das neue »mentale Nomadentum«.

22. Für den befreiten Verkäufer ist dieser Aspekt eine besondere Herausforderung, weil er vom Verkäufer verlangt, daß dieser in die Simulations-Dynamik des modernen Gehirns eintritt. Und das ist gerade für denjenigen, den man »den typischen Verkäufer« nennt, oft sehr problematisch (zumindest nach meinen praktischen Erfahrungen bei meinen Kunden), weil die meisten Verkäufer zwar *»sozio-emotionale Spezialisten«* (Goodman) sind, aber keine Simulations-Spezialisten.

23. Das bedeutet, daß die meisten Verkäufer ganz konzentriert auf das augenblickliche, *echte Gefühl* einsteigen, das zwischen Konsument und Verkäufer entsteht. Sie sind hier ungeheuer pragmatisch, direkt und konkret. Für die Simulation benötigt man aber Menschen, die diejenigen Gefühle erzeugen können, die im Moment nicht

konkret zwischen Konsument und Verkäufer plaziert sind: *Gefühls-Generierung* ist angesagt.

24. Der neue Verkäufer wird also einen Teil seines bisherigen Habitus überwinden müssen, zumindest die oft sehr einseitig ausgeprägte Sozio-Emotionalität, um Regisseur fremder Phantasien und unerwarteter Gefühle werden zu können.

So, damit haben wir skizzenhaft das evolutionäre Umfeld beschrieben, auf das sich der befreite Verkäufer wird einstellen müssen. Telematik, Edge-Romantik, Optionalismus und Simuli-Kultur werden sich immer mehr verbinden. Man kann heute schon beobachten, wie sich diese vier Dimensionen wechselseitig hochschaukeln. Was wir hier erleben, ist eine *»synergetische Drift«* (Hermann Haken), die den Verkäufer immer intensiver zwingen wird,

in seine eigene Evolution einzusteigen.

Der Telematik-Trend macht den Konsumenten zum Verbraucher von Zukünften.

Ohne Wandlung seines Rollen-Konzeptes wird der Verkäufer die telematische Dynamik unserer Kultur nicht richtig begreifen und schon gar nicht zu seinem Vorteil nutzen können. Denn die Telematik ist im Grunde die zentrale Ursache für das wachsende Marken-Desinteresse und für die ebenfalls seit Jahren ansteigende Produkt-Untreue der Konsumenten.

Der Telematik-Trend, den man immer in Verbindung mit Optionalismus, Edge-Romantik und Simulus-Gehirn sehen sollte, *qualifiziert den Konsumenten.* Er führt ihn zu mehr Komplexität, zu mehr Kinetik, zu dem, was die Evolutions-Forscher »Inclusive Fitness« nennen, d. h., der Telematik-Trend ist im Grunde kein Störfeuer gegen den Fortschritt, sondern die beste Problemlösung, die der Gesellschaft einfallen konnte, um ihre eigene Evolutions-Fähigkeit zu verbessern.

Das bedeutet aber auch, daß die »ungehorsamen Kunden« im Grunde gar nicht existieren. Es gibt nur telematische Kunden, also Kunden mit einer besseren evolutionären Ausstattung, mit einer besseren *Selbst-Steuerungs-Intelligenz*, also mit dem neuen Fokus für neue, alternative Zukünfte. Denn Telematik kann wie folgt beschrieben werden:

> **Telematik ist der Einbruch von vielen Zukünften in die aktuelle Gegenwart.**

Das Ergebnis kann man darin beobachten, daß sich Gesellschaft und Menschen immer mehr auf Eigendynamik und Selbst-Steuerung umschalten. In diesem Sinne kann man für die Telematik das folgende Portrait skizzieren:

PORTRAIT DER TELEMATIK

1. Es gibt *keine echte Steuerung* mehr, alle verhalten sich so, wie sie es für richtig halten, und die Summe dieser Impulse ergibt eine *Selbst-Steuerung:* Die Drift ist das Ergebnis aller Beteiligten. Ende der formierten Gesellschaft.

2. Es gibt keine echten *linearen Ursachen* mehr, also gibt es auch keine primäre Führung mehr: Führung wird zur *Verwaltung von Selbstführung.*

3. Durch die Dynamik der vernetzten Impulse entsteht *ungeplante Autopoiese* . . . also die Selbst-Erzeugung von Prozessen. Deshalb ist die telematische Gesellschaft die *Gesellschaft der Überraschungen.* Provokation wird zum zentralen Bewußtseins-Instrument der Gesellschaft.

---

4. Alle Pro- und Contra-Impulse beginnen im Netzwerk zu tanzen, deshalb gilt:

- Der Tanz ändert seine Regeln beim Tanzen (Spiel mit Spielregeln, die sich beim Spiel selbst erfinden).
- Alles wird zum Paradoxon: Das Richtige wird erst richtig durch das Falsche.

5. Die Identität der Gesellschaft verlagert sich zur *Leading Edge:* Dort, wo die Zukunft gemacht wird, ist die Gegenwart. Das historische Denken wird abgelöst durch das *futuristische Denken.*

6. Das große Spiel, das gespielt wird, ist das *Spiel des Erfindens:*
- Damit wird *Simulation* zum wichtigsten Instrument des Lernens. → Cyber
- Das Ur-Programm der Genetik »*Aus Schaden wird man klug*« wird dadurch ausgehebelt. Es entsteht

die Evolution der Evolutionsfähigkeit.

7. Das *wilde und konstellative Denken* tritt an die Stelle des rationalen und literalen Denkens.
- Die Bilder beginnen deshalb das Denken zu führen.
- Der *Wegwerf-Geist* entsteht.

8. Der bisherige Charakter von *Kommunikation* löst sich auf: Sender und Empfänger trennen sich von ihren Rollen: Alle nehmen teil »am Dialog über die Bedeutung der Welt« (Vilém Flusser).

9. Produzent und Konsument stellen gemeinsam die Produkte und die Welten für die Produkte her (Co-Evolution).

Insofern ist es richtig, was der Designer Andrea Branzi aus Italien formuliert hat: »Heute ist jeder für sich ein Trendsetter, und die Minoritäten bestimmen die Moden. Das Chaos am Markt ist perfekt. «

Ja, die immer mehr anwachsende Dynamik der Selbst-Steuerung führt dazu, daß das Verkaufen immer weniger über das Produkt läuft, sondern immer mehr über die *Chaotik der Orientierungen* und über den Tanz der Trend-Macher, also der Minoritäten. Und die Konsequenz daraus:

Die Konsumenten werden zu End-Verbrauchern von Zukünften.

Deshalb versagt immer mehr das, was bisher im Mittelpunkt des geschickten Verkaufens stand: Materie (das Produkt), Funktion, Nutzen, Kompetenz und Image. Der Verkäufer von morgen arbeitet auch nicht mehr mit *strukturierten Defiziten der Konsumenten,* also z. B. mit anzielbaren Bedarfs-Strukturen, sondern mit den spontanen Ideen der Kunden in bezug auf ihre Zukunft. Statt psychischer Defizite also die Simulation von Zukunft. Das führt zu sechs Konsequenzen:

Das Verkaufen wird zur Stimulation von spontanen Zukünften.

1. **Fluktuative Orientierungen und soziale Moden gestalten instabile Kontexte, in denen das aktuelle Verkaufen stattfindet. Deshalb gibt es keine Verkaufs-Strategien mehr.**

2. **Schnelle Sättigungen im Sinne einer »Trend-Verbrennung« geben den Produkten und Angeboten diejenige Vitalität, die der neue Konsument mit seinem Erregungs-Gehirn mehr und mehr verlangt.**

3. Alles, was lineare Manipulation und Hard Selling ist, versagt immer mehr, weil der telematische Konsument auf Selbst-Steuerung ausgerichtet ist. Der Verkäufer wird deshalb zum Anbieter von spontanen Interaktionen, z.B. Lifeware oder Selfware. Co-Manipulation ersetzt die bisherige Manipulation.

4. Durch den Verlust der Historie wird alles das, was das Sein interpretiert, immer weniger wichtig, z.B. Zielgruppen und ihr Nutzen-Bedarf. Der neue Fokus ist auf Zukunft und »Offenes Werden« ausgerichtet. Deshalb wird sich das Verkaufen immer mehr auf Szenen, Fan-Prozesse und evolutionäre Moden ausrichten müssen. Sie gestalten das »Offene Werden«.

5. Durch die telematische Dynamik gibt es ein intensives Wachstum an Multiplizität und Gleich-Zeitigkeit. Aber immer dann, wenn alle Unterschiede mehr oder weniger gleichzeitig auf der Bühne der täglichen Welt erscheinen, entsteht Mystik.

Das führt zu einer wachsenden Erosion der Berechenbarkeit des Verkaufens, während zugleich eine wachsende »Affekt-Logik« (Ciompi) zu beobachten ist: Es gibt immer weniger Regeln und eherne Gesetzmäßigkeiten für gutes Verkaufen ... die Effizienz des guten Verkaufens ist abhängig von den Wanderungen der öffentlichen Gefühle (Streams) und individuellen Mythen der Kunden.

6. Ein multi-optionaler Bedarf entsteht, der aber durch die telematische Kraft keine Stabilität mehr findet, so daß man auch nicht mehr mit Nischen-Taktiken arbeiten kann.

Was der Verkäufer in Zukunft vorfindet, sind fluktuierende Erlebnis-Felder in Kombination mit mentalen

Moden. Das verlagert den Fokus des Verkaufs auf die Zappeligkeit des Zeitgeistes und auf die Faszination erfundener Zukünfte.

Alles in allem muß der befreite Verkäufer damit rechnen, daß Zeitgeist-Kopplung und Zukunfts-Erfindungen die neuen Säulen des Verkaufens werden. Sie können helfen, sich besser in die Eigendynamik der Konsumenten zu integrieren. Das wiederum wird die Basis für Manipulation und Verkaufen drastisch verändern:

DIE NEUE BASIS DES VERKAUFENS

1. *Der befreite Verkäufer braucht den Wegwerf-Geist.*

   Hier operiert er ganz bewußt mit dem Instrument der strukturellen Kopplung ... er interpretiert nicht mehr die Produkte, sondern koppelt sie an die Fluktuationen der Tages-Moden und Zeitgeist-Inhalte.

2. *Der befreite Verkäufer arbeitet mit Zukunfts-Partnerschaften.*

   Zukunft ersetzt Nutzen. Und die »Welt 3«, wie es Popper einmal nannte, also die Welt der öffentlichen Zukunfts-Ideen, wird immer mehr zum eigentlichen Hersteller der Produkte.

Wir haben also zwei neue Attraktoren, die das Instrumentarium des Verkäufers prägen: den Wegwerf-Geist und die Zukunfts-Partnerschaft. Und daraus wird schon an dieser Stelle folgendes deutlich:

- Die vielen mechanistischen Verkaufsregeln, wie sie in den meisten Verkaufs-Bestsellern seitenlang aufgeführt werden, werden mit hoher Wahrscheinlichkeit immer mehr zu einem sterilen Instrumentarium werden. Es handelt sich hierbei um lineare Strategien und kausale Wenn-dann-Gesetze.

Wenn der befreite Verkäufer aber mit Wegwerf-Geist und Zukunfts-Partnerschaft operiert, dann gibt es keine Linearität und Kausalität mehr, sondern nur noch die *spontanen Effekte der Erfindung,* also das, was Fischer die »Effekte der 3. Art« nennt:

Verkäufe sind das Ergebnis von Symbiosen.

- Das bisher im Verkaufs-Konzept so heiß geliebte Input-Output-Schema wird mit hoher Wahrscheinlichkeit sterben, weil der Wegwerf-Geist ebenso wie die Zukunfts-Partnerschaft *keine Finalität* kennt. In der jetzt kommenden Phase der permanenten Evolutionen dominiert das Instrument der »spontanen Erfindung«. Der befreite Verkäufer bekommt damit eine wesentlich kreativere Rolle als bisher. Aber das bedeutet auch, daß er sein Weltbild und sein Menschenbild weitestgehend reformieren sollte. Er kann den Kunden nicht mehr als *»triviale Maschine«* (Heinz von Foerster) auffassen, die wie ein Dressur-Äffchen auf seine Reize (z. B. Sprachfiguren, Incentives etc.) reagiert. Der Kunde selbst wird zum Mitgestalter seiner Manipulation:

> Der befreite Verkäufer erfordert ein Menschenbild, das jeden Menschen als einzigartige Individualität auffaßt.

Die Vorteile des Produktes werden durch Co-Evolution entwickelt ... sie werden zur gemeinsamen Verhandlungssache.

- Damit werden auch die in so vielen Verkäufer-Handbüchern beliebten *Typologien* obsolet werden, also die klassischen Ordnungs-Systeme, die man benutzt, um die Menschen und ihr Verhalten scheinbar kalkulierbar und logisch zu machen.

Der befreite Verkäufer wird Wegwerf-Geist und Zukunfts-Partnerschaft einsetzen müssen. Somit gibt es nur die *Singularität des Augenblicks* und die exklusive Realität der einen Person, mit der man gerade interagiert und kommuniziert:

Es gibt keine Wiederholbarkeit im Verfahren des neuen Verkaufens.

Nun, das ist ein großes Stück Wandlung im Konzept des Verkaufens. Und es trägt drei wesentliche Herausforderungen an den Verkäufer heran:

1. *Der neue Verkäufer muß mit dem Paradoxen umgehen können.*

Zeitgeist, Wegwerf-Geist und Zukunfts-Partnerschaft sind – wie schon gesagt – Kriterien einer vollständigen A-Logik, d. h., sie folgen nicht den Ziel-Strategien, sondern der Eigendynamik ihres Flows. Alles, was fließt, umgeht die Logik.

Der befreite Verkäufer muß das Recht haben, außerhalb der Logik zu operieren.

2. *Der neue Verkäufer muß das Sprunghafte liebenlernen.*

Wenn alles auf Gegenwart und Zukunft umprogrammiert wird, dann arbeitet der Verkäufer mit einer Mischung aus extremer Singularität und Punktzeitlichkeit. Das macht nicht nur das Arbeiten mit Ordnungs-Systemen dysfunktional (z. B. Typologien), sondern zerstört auch die Möglichkeit zur echten Vorausschau. Es gibt kein Kalkül mehr.

Der neue Verkäufer arbeitet *nicht mit Voraussicht, sondern mit Einsicht* ... für diese Einsicht braucht er aber die Integration in den Flow der paradoxen Prozesse: Ohne Integration, teilnehmende Verschmelzung oder Symbiose erhält der Verkäufer nicht mehr das Wissen, das er braucht für seine neue Rolle der Zukunfts-Partnerschaft. Das, was er verkaufen will – also die Verbindung von Zeitgeist-Kopplung und Zukunfts-Erfindung –, entzieht sich sowohl seinem logischen Kalkül als auch der zentralistischen Vor-Planung eines Vertriebs-Managements:

Der befreite Verkäufer muß das Recht haben, ziel-los zu kommunizieren.

3. *Der neue Verkäufer muß ein Verhältnis aufbauen zur Selbstreferentialität.*

Die meisten Verkäufer werden sehr gut trainiert, wenn es darum geht, das Produkt kennenzulernen, es zu inhalieren und zu lieben. Bei dem Konzept des Symbiotic Selling – also Verkaufen durch Zukunfts-Partnerschaften – ist aber *die augenblickliche Welt*, die um das Produkt herum lebt, wichtiger als die Objektivität des Produktes.

Aber diese Welt, die für Produkt, Verkäufer und Käufer gleichermaßen existiert, entsteht durch einen eigenständigen Prozeß, entsteht also **Die Interpretation des Produkts muß in der Eigen-Welt der Konsumenten stattfinden.** selbstreferentiell. Wenn der Verkäufer nicht in diesen *Prozeß der Selbst-Herstellung von Welt* (Autopoiese) einsteigen kann, wenn er also nicht Förderer spontaner Selbstreferenz werden kann, kann er das Produkt auch nicht interpretieren. Er kann dann nur diejenige Hardware interpretieren, die im Moment nicht im Entstehungs-Prozeß der aktuellen Welt enthalten ist, also relativ tote Materie.

Das bedeutet für den neuen Verkäufer, daß er mit dem *Instrument der Kontingenz* arbeiten muß . . . er muß also Risiko und situative Provokation einsetzen. Das wird einen Großteil der »Keep-smiling-Techniken« des klassischen Verkaufens verändern.

> **Der befreite Verkäufer muß das Recht haben, die Produkt-Vorteile spontan zu erfinden.**

Diese drei neuen Herausforderungen lassen sich durch drei Schlüssel-Vokabeln konkretisieren:

> **– Flow**
> **– Einsicht**
> **– Kontingenz**

Diese drei zusammengenommen, vermitteln dem befreiten Verkäufer ein anderes Handlungs-Konzept:

> **Der Verkäufer wandelt sich vom Interpreten der Ware zum Regisseur einer spontan ungeplanten Co-Evolution.**

Im Grunde wird der Verkäufer damit – und das ist das eigentlich Neue beim Symbiotic Selling – zu einem *Makler für Selfware* und zum Berater in Sachen Lifeware. Ja, Verkaufen wird in Zukunft in die Welt der Ideationen und evolutionären Ideen hineingehen (Welt 3) und damit immer mehr die bisherigen Felder der Materie (Welt 1) und des Verhaltens (Welt 2) verlassen.

Das Verkaufen betritt die Welt der Simulationen. Verkaufen wird virtuell.

Der Verkäufer betreibt dann auch keine Hardware-Auslobung mehr, sondern wird zum Spezialisten für Sozial-Erfindung. Er folgt damit dem *Konzept der Softnomics,* wie es die Japaner schon seit Jahren entwickeln. Er wird zum Instrument einer immer breiter werdenden Welle, die in Richtung

Soft-Fragmentierung

läuft. Die harte Materie ist zu unbeweglich für den aktuellen Flow der unterschiedlichen Bewußtseine der Menschen. Und das vor-geplante Verhalten ist zu distanziert von den Energien der aktuellen Sehnsüchte ... Verhalten ist nicht Ideation, aber Zukunft ist das Ergebnis von Ideation. Oder – wie David Bohm sagte, ist die zukünftige Welt immer die »Signatur des Geistes«.

Die Rolle des Verkäufers besteht also darin, *aus Waren oder Marken kulturelle Teilnehmer* zu machen, Teilnehmer an den Entwicklungen spontaner und evolutionärer Welten. Es ist eine neue Aufgabe, die darin besteht, nicht mehr argumentativ zu verkaufen, sondern persönliche Zukünfte in Rituale zu überführen. Oder anders ausgedrückt:

Es ist die Aufgabe des befreiten Verkäufers, Produkte umzuwandeln zu privaten Zukünften und Symbolen der Evolution.

Alles, was Flow-Charakter hat – was sich also befreit hat von Stabilität und Struktur –, benötigt permanent Rituale und symbolische Codierungen. Flow lebt von Ritualen und Symbolen, weil Flow durch Erfindungen fließt. Erfindungen entstehen rituell und symbolisch.

Der befreite Verkäufer organisiert spontane Rituale.

Der neue Verkäufer muß deshalb mitgehen können mit der beschriebenen Edge-Romantik ebenso wie mit dem Trend zum Optionalismus. Man kann die Erfindungen, die Flow ergeben, *nur durch permanente Stimulation* in das Feld des Konsums einbringen. Damit wird der neue Verkäufer in einer modernen Form auch zum Stimulator: Er stimuliert Edge-Erlebnisse durch Riten und Symbole.

Um den Optionalismus und die Simuli-Kultur ebenfalls berücksichtigen zu können, muß er die Riten und Symbole, die er an die Stelle des puren Produktes stellt, so gestalten und lenken können, daß differenzierte und zugleich fluktuative *Mikro-Weltbilder* im Kopf der Menschen entstehen.
Also ganz schön viel Neues, was da auf den Verkäufer zukommt:

DIE NEUE KOMPETENZ FÜR DEN BEFREITEN VERKÄUFER

- Er braucht eine neuartige Kompetenz für spontane Rituale und symbolische Codierungen.

- Er braucht ein persönliches Lern-System, um immer wieder an der Leading Edge der Kultur zu leben. Er darf mental nicht älter werden als die aktuelle Leading Edge.

- Er muß fluktuative Mikro-Weltbilder erzeugen können, die im Sinne des modernen Erregungs-Gehirns die Kunden stimulieren, neue Zukünfte durch das zu verkaufende Produkt zu erfinden. Das bedeutet, daß er innere Bilder (Simulationen) von außen stimulieren muß.

Im Grunde schimmert hier eine Art Beraterrolle für Life-Service und Selfware durch, entsprechend den Fragen:

– Wo ist die derzeit gültige Leading Edge?

– Wo beginnt welche Zukunft?

– Wie ist die aktuelle Welt, und wer bin ich darin?

Damit wird sichtbar, daß Symbiotic Selling *einen Schwenk zum Lifestyling* im weitesten Sinne einleitet, verstanden als diejenige Erlebnis-Differenzierung, die die Produkte von sich aus nicht mehr bieten können. Und die Aufgabe des befreiten Verkäufers lautet:

> **Der Verkäufer wird zum Hersteller . . .**
> **. . . er wird zum Hersteller mentaler und imaginativer Produkte über den Produkten.**

Die Symbiosen, die der neue Verkäufer in den Mittelpunkt seiner Handlungen stellen wird, sind – wie wir gesagt haben – Zukunfts-Symbiosen, vollzogen im jeweils aktuellen Kontext des Zeitgeistes (Edge). Aber diese Symbiosen kann der neue Verkäufer nur organisieren, wenn er die Berater-Rolle für Lifestyling und Lifeware auch wirklich übernimmt bzw. übernehmen darf.

Das ist eine sehr *stimulative Form von Beratung,* die er da zu vollziehen hat, ganz im Sinne der oben erwähnten Co-Evolution. Es ist nicht die Beratung des Besserwissers, der nach dem Muster von Hase und Igel immer sagt: »Ich bin schon längst da.«

Ganz im Gegenteil dazu ist es eine stimulative Handlung, die – wie Morellet einmal gesagt hat – die Aufgabe hat,

> **»das Genie des Betrachters arbeiten zu lassen«.**

Es ist also die Stimulation von inneren Bildern, die das Fundament der Symbiose ist. Das ist das, was die Gehirn-Forscher das »Stim-Sim-Modell« nennen. Und es ist Life-Service im weitesten Sinne. Aber das alles funktioniert nur, wenn der Verkäufer *viele parallele Optionen anbieten kann,* sozusagen zum Aussuchen ... damit der Kunde sich das Bewußtsein selbst herstellen kann für das, was er als Zukunft selbst will.

Genau das entspricht auch dem Meta-Bedarf des telematischen Konsumenten. Das entspricht dem Selbst-Steuerungs-Bedürfnis des modernen Kunden. Morellet hat das wie folgt formuliert: Lifeware-Angebote ...

... »sind wie Picknick-Plätze, an denen man verspeist, was man selbst eingepackt hat«.

Das ist perfekt praktizierte Telematik. Das ist das Ausnutzen der Selbst-Steuerungs-Motivation der Konsumenten durch stimulativen Life-Service und durch spontane Zukunfts-Partnerschaft (Symbiose).

Dementsprechend geht es beim neuen Verkaufen auch nicht mehr so sehr darum, »dem Kunden etwas anzudrehen«, sondern vielmehr um die Beantwortung einer ganz anderen Kernfrage:

Wie kann man den Konsumenten dazu stimulieren, diejenige Selbst-Steuerung zu verstärken, die für das zu verkaufende Produkt am günstigsten ist?

Auch hier schimmert wieder das Konzept von Co-Evolution und Co-Manipulation durch. Es geht beim neuen Verkaufen nicht mehr um die strategische Verkaufs-Intention, die der Hersteller des Produktes aus seiner zentralen Sicht entwickelt hat. Das ist *Hard Selling.*

Diese Linearität ist auch noch beim *Soft Selling* gegeben, verstanden als dasjenige Verkaufen, das dem Konsumenten die Befreiung vom Argumentations-Druck des Verkäufers garantiert.

Was das Symbiotic Selling so anders macht, ist sein stimulativer Charakter ... Stimulation durch Life-Service ... Stimulation in Richtung Selfware ... und damit Einstieg in die telematische Dynamik der Konsumenten ... Integration in die positive Selbst-Steuerung der Kunden. Lassen Sie uns das zusammenfassen:

TELEMATIK UND DIE MACHT DES NEUEN KONSUMENTEN

- **Seine Absicht entscheidet, in welchen Verkaufs-Prozeß er einsteigen will.**

- **Seine fluktuierenden Welten produzieren das eigentliche (subjektive) Produkt.**

- **Seine Zukünfte erzeugen den Wert und den Vorteil des Produktes.**

Von der geplanten Strategie zur spontanen Symbiose.

Wenn nun der telematische Konsument eine derart wichtige Mitspieler-Macht bekommt, dann wird klar, daß in Zukunft ein synergetischer Prozeß zu gestalten ist und *kein strategischer.* Der neue Verkäufer wird ein Praktiker der spontanen Symbiose sein müssen, d. h., er wird keine Zielfunktionen mehr »abarbeiten« können, die sich die Vertriebs-Zentrale oder der Verkaufsleiter errechnet hat. Die Vorgaben für den befreiten Verkäufer sind nur noch die ewigen Überraschungen und Drifts von Evolutionen, Simulationen und Trends.

Das macht den neuen Verkäufer frei, es befreit ihn nämlich von der Linearität, die typisch für das *Hau-ruck-Verkaufen* unserer Tage ist, das überall heute noch gelehrt und trainiert wird. Es befreit ihn für eine neue spontane Zwischenmenschlichkeit. Ja, es befreit ihn, endlich das sein zu können, was die meisten Verkäufer ohnehin in ihrem Wesen schon immer waren:

Also ist er der Hersteller von fraktalen Beziehungen. Und die zu verkaufenden Produkte werden durch spontane Rituale verkauft. Der befreite Verkäufer verkauft, weil er ein Hersteller ist. Aber diese Hersteller-Arbeit wird eine andere sein, als sie in den Lehrbüchern steht. Denn es geht hier um Stimulation und *teilnehmende Verschmelzung* an privaten Zukünften der Konsumenten. Es geht hier um eine neue Beraterrolle für Selfware und Life-Service. Und diese neuen Dimensionen sind

tanzende Felder.

Also kann man sie nur mit den *Methoden der Synergetik* nutzen, d. h., man kann nur

- Shifts (Veränderungs-Impulse)
- Drifts (Abweichungen)
- Trajektorien (Bahnungen)
- Ordner (höhere Attraktoren)

einsetzen, also Techniken und Wirk-Faktoren, die ganz typisch sind für *evolutionäre Bewegungen*. Aber das sind genau diejenigen Faktoren, die man so schlecht vorplanen kann und die sich auch weitestgehend der Kausalität und Finalität entziehen. Mit der Logik von Verkaufs-Strategien kommt man hier nicht weiter. Ja, je zentralistischer und strategischer man den Verkauf plant und steuert, um so endgültiger verbaut man sich den Weg zur spontanen Symbiose. Das wiederum bedeutet für den Verkäufer:

Er wird indirekt verkaufen müssen.

Indirekte Effekte ... die gilt es herzustellen durch Interaktion und sprachliche Kommunikation. Indirekte Effekte, also Effekte, die sich überwiegend synergetisch ergeben und die nicht linear erzwungen oder strategisch vorgeplant werden können, benötigen aber nicht nur Stimulation, Lifeware-Beratung und Co-Evolution, sondern auch zwei weitere interessante Dimensionen, die wir uns jetzt ansehen sollten:

---

1. **Der neue Verkäufer muß die Zeiten produzieren.**

   Er wird zum Hersteller von Aktualität. Und insofern ist es seine Aufgabe, **Bedeutungen zu erzeugen** ganz im Sinne von McMillan, dem Chef der US-Gruppe Target: »Target nimmt vorweg, was Verbraucher wollen, bevor die Massen selbst begreifen, was sie wollen.«

2. **Der neue Verkäufer muß die Eigen-Dynamiken fördern.**

   Er muß also in die Selbstreferenz der Menschen einsteigen können, d. h., er muß diejenigen inneren, mentalen Eigen-Prozesse sponsern, die ohnehin im Kopf ablaufen. Das Verkaufen wird aus dieser Sicht immer mehr zu einer mentalen **Integrations-Kunst.**

Faßt man alle Aspekte zusammen, die ich bisher als wichtig für den neuen Verkäufer beschrieben habe, so erhält man folgenden Überblick:

DAS FUNDAMENT DES BEFREITEN VERKÄUFERS

DAS FUNDAMENT DES BEFREITEN VERKÄUFERS
1. **Stimulation / Erfindungen**
2. **Zukunfts-Partnerschaften / Symbiosen**
3. **Life-Service / Selfware-Beratung**
4. **Zeit-Produzent / Bedeutungen**
5. **Eigen-Dynamik-Sponsoring / mentale Co-Evolution**

Das Beispiel des Handels: Mentale Stimulation ersetzt auch hier das klassische Waren-Erlebnis.

Generell kann man sagen, daß jeder Versuch, Symbiosen herzustellen, überhaupt nicht möglich ist ohne mentale Stimulation. Ebenso generell kann man sagen, daß Co-Evolution nicht stattfinden kann ohne die *Stimulation von Selbst-Referenzen.* Damit kann man zugleich auch sagen:

Wenn die Mehrzahl der Kunden mental zur Leading Edge gewandert sind, werden Stimulation und Zukunfts-Erfindung das übliche Waren-Erlebnis ablösen

Dieser Trend ist schon beim Handel jetzt deutlich sichtbar. Und immer mehr Experten und Fachzeitschriften-Artikel signalisieren auch, daß das mit dem klassischen *Erlebnis-Handel* immer weniger zu stimmen scheint. Warum?

1. *Der Inhalt von Erlebnis verändert sich.*

Hardware wird immer mehr zu einer *redundanten Emo-*

tion. Das bemerkt man z. B., wenn man in Düsseldorf die Kö-Meile entlangläuft. Überall das Beste vom Feinsten und das Edelste vom Teuersten. Und trotzdem von Jahr zu Jahr langweiliger.

Die Hardware hat nicht mehr die Kraft, die Bedürfnisse der Konsumenten, die telematischer und kinetischer geworden sind, zu befriedigen. Und die Software-Strategie des Handels versagt auch immer mehr, also die *Techniken der optischen Inszenierung,* also der Präsentation und der thematischen Dekoration.

> **Es gibt nicht mehr das genormte Erlebnis: Erlebnis wird so sprunghaft wie der Zeitgeist.**

Inzwischen ist nämlich auch beim Handel *Mindware* die neue Dimension, also die bewußte Produktion von Zukunfts-Bewußtsein und vorauseilenden Gefühls-Identitäten.

Der Handel kann nur noch diejenigen Erlebnisse als »Erlebnis« durchsetzen, die Leading-Edge-Charakter haben, die also neues Bewußtsein, neue Orientierungs-Moden und den *Flow der Kontexte* herstellen können. Der Zeitgeist wird zum Erlebnis.

2. *Stimulation wird zum zentralen Erfolgs-Faktor.*

Immer dann, wenn die Imaginationen in den Mittelpunkt des Verkaufens rücken, wird auch Stimulation ganz wichtig. Imagination ist nämlich nur einsetzbar, wenn es dem Verkäufer gelingt, *Phantasien von außen zu stimulieren.* Und wie ich beschrieben habe, gibt es ja deshalb in unserer Kultur recht deutlich den Simulus-Trend, kombiniert mit dem *neuen Erregungs-Gehirn* der Jugendlichen bis 30.

Nun, was bedeutet das? Man kann die Stimulation nur dann erfolgreich einsetzen, wenn sie zugleich auch Erregung ist. Oder anders ausgedrückt: Der Stimulations-Prozeß muß ein mentaler *Provokations-Prozeß* sein, sonst gibt es keine neuen Imaginationen. Und es ist die Aufgabe des Handels, diese Provokationen herzustellen und öffentlich zu machen.

Damit wird auch der Handel zum Produzenten von Self-ware und Lifeware. Er ist nicht mehr allein der Informant von Produkten, sondern der Organisator von Selbst-Interpretationen im Habitus der Konsumenten. Was er dazu liefert, sind die *Bausteine von Zukünften.*

Aber diese Zukünfte kommen nicht aus den Produkten, sondern aus den vorauseilenden Simulationen der Szenen und Fan-Gemeinschaften. Dementsprechend lautet auch das Motto für den kommenden Handel ganz telematisch: Von der Abbildung zur Einbildung.

3. *Leben und Kaufen verzahnen sich.*

Das ist ein wichtiger Aspekt für den Handel, weil er das *Abkoppeln des Kaufprozesses* von den Beratungs-Prozessen ankündigt. Immer mehr Konsumenten verlangen nicht mehr exakte Produkt-Beratung, sondern generelle Beratung für das Leben (Lifeware) und generelle Services für ihre Selbst-Konstituierung (Selfware).

Wie bereits gesagt, steckt hinter dieser Entwicklung der Optionalismus-Trend, also die immer größer werdende Bereitschaft und Disposition der Konsumenten, *mehr Möglichkeiten* in ihr Leben hineinzubringen, als derzeit möglich zu sein scheint:

Der moderne Konsument kauft mehr Leben.

Damit wird das Verkaufen im Grunde vollständig in die Lebens-Evolution der Menschen integriert, während zugleich das Kaufen entkoppelt wird von der beraterischen Interpretation der Ware.

Für den Handel verlangt das ein deutliches Umschwenken in Richtung *Beziehungs-Services*. Und es ist interessant, daß in diesem Zusammenhang Faktoren wie »kulturelle Vision« oder »Zukunfts-Leadership« plötzlich wichtiger werden als die Fakten der Produkte selbst.

Für die Konsumenten bedeutet das, daß sie sich sehr viel bereitwilliger an die Ambitionen und *Evolutionen des Handels* anlehnen werden als je zuvor. Gute Beispiele dafür gibt es in den USA, z. B. Esprit, Gap oder Banana Republic.

Es entsteht also so etwas wie eine indirekte Lebensgemeinschaft zwischen dem Handel und dem Leben der Menschen.

Betrachtet man aus dieser Perspektive z. B. die Werbung der großen deutschen Kaufhäuser, dann sieht man, wie produkt-verhaftet, also materiell dort immer noch gedacht wird. Aber im Grunde besteht gerade jetzt eine riesige Chance für die »Alles-unter-einem-Dach-Händler«, weil sie die volle Palette an Selfware und Life-Service einsetzen können.

Aber ... das machen eigentlich mehr die Spezialisten, wie z. B. Toys 'R' Us, Esprit, Benetton, Nike etc. Die haben Shops oder Show-Rooms, die direkt gekoppelt sind an eine sich permanent entwickelnde Lebenshilfe. *Sie verkaufen Zukünfte und Identitäten.* So kann sich das Leben der Menschen mit dem Kauf verschmelzen ... und zwar unabhängig und vor dem eigentlichen Kaufakt.

Faßt man diese Aspekte zusammen, so kann man folgende drei Thesen formulieren:

WIE WIRD DER HANDEL VERKAUFEN?

1. Handel und Verkaufen entwickeln sich immer mehr zum Hersteller von öffentlichen Lebens-Moden.

2. Handel und Verkaufen gestaltet sich immer mehr zur stimulativen Provokation von Zukunfts-Phantasien und Imaginationen im Kopf der Menschen.

3. Handel und Verkaufen gestaltet sich immer mehr zu einem Beziehungs-Management, das durch Networking und Lifestyle-Services funktioniert.

Der Handel als Agent der Lebens-Moden.

Inzwischen ist dieser Trend auch im US-Handel dabei, mehr Zuwendung zu bekommen, obwohl ja gerade der amerikanische Lebensmittelhandel bisher sehr einseitig darauf fixiert war, ausschließlich *»value for money«* anzubieten.

Aber inzwischen hat ein Umdenken begonnen. Der Einzelhandels-Berater Norman H. McMillan aus den USA berichtet, daß die ersten Handelsunternehmen tatsächlich beginnen zu begreifen, *»daß Lebensmittel Modesache sind«*.

Dahinter liegt der auch in Europa immer stärker werdende Trend: *Weg von Masse und Massenartikel.* Das alte Denken sah große Mengen in der Produktion, von der Masse anschließend massenhaft konsumiert. Das neue Denken sieht viele kleine fragmentierte Mengen, konsumiert von vielen kleinen fragmentierten Gruppen. Kurz:

> **Der große Umsatz ist das Ergebnis der Attraktion von vielen kleinen Fragmenten.**

Dieses neue Fragmentierungs-Denken ist die Basis für die neue Mode-Orientierung im US-Handel. Denn in den Fragmenten herrscht eine *andere Form von Attraktivität.* Der Preis allein differenziert nicht mehr die fragmentierte Attraktivität, deshalb kommt es zu einer typischen Mode-Dynamik: *Die Attraktivität wird durch den richtigen Zeitpunkt produziert . . .* also durch Mode.

Man produziert also Aktualität. Und man handelt mit Aktualitäten. Typisch dafür ist die Strategie der Target-Gruppe: »Target nimmt vorweg, was Verbraucher wollen, bevor die Massen selbst begreifen, was sie wollen« (McMillan). Das entspricht sehr deutlich dem, was an dieser Stelle als *Interfusion* vorgestellt worden ist, nämlich dem bewußten *Handeln vor dem Bedarf.*

Der Handel versteht sich dadurch als *Produzent von Modewellen.* Er rückt damit, was sein Rollen-Konzept betrifft, sehr stark an die Prinzipien der Markenartikler heran. Wenn dieser Trend sich weiterentwickelt – unterstützt durch die neue Machtverteilung per Scanner –, wird er immer mehr *zum Mitgestalter der Produkt-Attraktivität.*

> **Der Handel produziert zuerst denjenigen Lifestyle, für den er anschließend Produkte anbietet.**

Denn wer die Mode für die Produkte macht, produziert nicht nur Aktualität, sondern *managt auch Lifestyling.*

Wie die Analyse von McMillan zeigt, ist die Tatsache, daß noch nicht alle Supermärkte auf Zeitgeist und Mode umgeschaltet haben, darin zu begründen, daß es erhebliche *»Wahrnehmungs-Differenzen«* zwischen den Handels-Managern und ihren Kunden gibt. Diese beiden Lager denken und fühlen völlig anders. Sie leben sozusagen in zwei getrennten Welten. Dazu kommt, besonders in den USA, ein Trauma, das bis heute noch nicht überwunden ist: Vor rund 15 Jahren machten viele Supermarktketten eine echte Bauchlandung mit dem Verkauf von Bekleidungs-Mode. Sie lernten daraus, daß der Handel kein Instrument für modische Prozesse sei. Tatsächlich aber klappte diese Sache deshalb nicht, weil man sich zu sehr auf Massen-Geschmack und Massen-Produkte ausgerichtet hatte . . . also alles andere verkaufte, nur eben keine Mode.

Wie wird es weitergehen? Die vorliegenden Trendsignale zeigen, daß auch der europäische Handel noch sehr viel Probleme hat mit seiner neuen Mode-Rolle. Vermutlich wird man sich auf indirekte Art dieser neuen Mode-Funktion nähern, denn eines ist deutlich: Es gibt jetzt einen starken Trend des Handels *zu eigenständigen Marken-Profilen.* Der Handel in Europa, besonders aber in den USA, beginnt, gegen die Hersteller mit *Premium-Hausmarken* zu kämpfen.

Das ist eine neue Epoche der Hausmarken-Politik, die sich da ankündigt. Also wieder eine *Offensive gegen die klassischen Markenartikel.* In der ersten Welle hatte man es mit generischen Produkten versucht (No Names), aber jetzt versucht man es mit Produkten, die mehr als nur Niedrigst-Preise bieten, also mit Premium-Produkten, die wie echte Markenartikel designed werden. A&P offeriert z. B. »Master-Choice«. Eine andere Gruppe geht sogar noch einen Schritt weiter und nennt ihr Hausmarken-Sortiment »President's-Choice«.

Der Handel hat begriffen, daß *Qualität und Preis allein nicht ausreichen.* Die wachsende Fragmentierung zwingt sie zu Upscale-Brands. Inzwischen steigen auch viele Supermärkte in das Sortiment der Gourmet-Produkte ein. Insgesamt macht der Hausmarken-Anteil in den USA bereits 15 Prozent aus. Er könnte in den nächsten Jahren auf 20 bis 25 Prozent wachsen. Problematisch wird es für die Markenhersteller erst dann, wenn sich gutes Branding verbindet mit dem Erzeugen von Lifestyles und Bedarfs-Moden.

> **Der Handel beginnt, seine eigene Art von Interfusion zu organisieren.**

Fünf neue Trends für die Waren-Präsentation im Erlebnis-Handel.

Unsere Gesellschaft entdeckt die Kraft und den Vorteil permanenter Bewegungen. Zugleich ist unsere Gesellschaft dabei, sich fit zu machen für eine neue Epoche, die die festen und ewigen Wahrheiten ablöst zugunsten von *paradoxen Wahrheiten.* Alles wird widersprüchlicher. Dadurch kommt es zu einem neuen generellen Credo: »Wo die meisten Spannungen und Brüche sind, findet am meisten Leben statt.« Somit fließen Kinetik, Chaos und Paradoxa als neue Stimmungen in das Marketing ein und in zunehmendem Maße auch in die Präsentations-Strategien des Handels. Noch vor rund zehn Jahren war der *Erlebnis-Handel* im wesentlichen eine statische Größe. Erlebnisse und Emotionen bildeten das konstante Gerüst, in das die Produkte hineininterpretiert werden konnten.

Die Laden-Systeme und die Raum-Strukturen folgten der Nomenklatur mehr oder weniger stabiler Erlebnis-Komplexe. Nun kommt aber eine Zeit, in der diese Erlebnis-Komplexe selbst immer schneller erodieren, weil unsere Kultur auf Kinetik umschaltet. Das bedeutet: Die Erlebnisse werden vorrangig daraus gespeist, daß sie sich selbst überwinden. *Die Wandlungen selbst sind das eigentliche Erlebnis.*

Die Erlebnisse sind also keine auf Stetigkeit ausgerichteten Emotionalitäten, sondern verursachen sich durch ihre Selbst-Überwindung quasi von selbst. Das ist das eigentlich Neue für den Handel in den nächsten Jahren. Er wird umschalten müssen vom Denken in Erlebnis-Zonen in Richtung eines Denkens in *fließende Erlebnisse*. Was bedeutet das? Fließende Erlebnisse werden erst dadurch zu Erlebnissen, daß sie sich selbst widersprechen, sich also im eigenen Prozeß überwinden. Das, was der Konsument als Erlebnis erlebt, rekrutiert sich also immer weniger aus stabilen Emotionen und wiederholten Präsentationsformen, sondern aus der Überraschung und aus den kalkulierten Sprüngen in eine völlig neue Dimension. Das Erlebnis kommt deshalb immer weniger aus dem Erlebniswert der Produkte, sondern immer häufiger aus dem Erlebnis der *Überwindung des Vorherigen*.

> **Das moderne Produkt sollte diejenigen Erlebnisse anbieten, die aus Überraschungen bestehen.**

Durch diese kinetische Tendenz, die in den nächsten zehn Jahren immer stärker anwachsen wird, wird sich das bisherige Erfolgskonzept des Erlebnis-Handels wandeln müssen, gilt doch in Zukunft das Motto:

»Nichts verschleißt sich so schnell wie ein Erlebnis.«

Der Hintergrund ist eine deutliche Verschiebung in der Wertebasis der Konsumenten. Zum einen gibt es die immer stärker werdende *Strömung zur Autonomie*. Die Konsumenten wollen immer mehr Freiheit für ihre Selbstorganisation. Zugleich gibt es immer mehr *Fragmentierung der Produkte* und ihrer Nutzen. Und das führt zu einem Wachstum an Komplexität und Vielfalt und damit zu einer neuartigen Meta-Konzeption: *Je mehr Paradoxa im Konsum, um so mehr Leben im Konsum.*

Die andere Werte-Strömung läuft auf *High-Touch*. Darunter verbirgt sich die Tendenz, daß immer mehr Produkte zeitgeistig interpretiert werden, weil der Zeitgeist die *höchste Sensibilität* einer Gesellschaft repräsentiert. Der fließende Zeitgeist wird damit zum Bestandteil des Produkt-Erlebnisses.

Unterstützt wird diese Entwicklung durch die jetzt entstehende *Wegwerf-Geistigkeit*, die z. B. von Peter Sloterdijk als »Euro-Taoismus« gekennzeichnet worden ist wegen ihres permanent fließenden Transformations-Charakters. Nur das, was sich auflöst, ist wirklich lebendig. Diese Tendenz wird schon demnächst zu einer intensiven *Vermählung von Lifestyling und Zeitgeist* führen. Schon jetzt ist Design ein Erfolgs-Faktor mit wachsender Bedeutung. Wenn das Design jedoch immer mehr auf High-Touch ausgerichtet wird, wird es immer zeitgeistiger, immer szenischer und damit auch immer mehr ausgerichtet auf *aktuelle Stimulation des Sozialen*.

Faßt man beide Trend-Strömungen zusammen, also die Strömung zur Autonomie und die Strömung zum High-Touch, so ergibt sich eine neue Formel für den kommenden Erlebnis-Handel:

> **Mehr Paradoxa**
> **Mehr Stimulation**

Versucht man, diese beiden Komponenten zu vereinen, so entsteht die neuartige Strategie für die zukünftige Waren-Präsentation:

> **Stimulation durch das Management von Widersprüchlichkeiten**

Auf dieser Basis lassen sich fünf Sub-Trends für die Waren-Präsentation konkretisieren:

63

1. *Fließende Dekoration wird wichtiger als feste Hardware (Regale, Shop-in-Shop etc.). Hardware wird zum Diener der Dekoration.*

   Von der langfristigen Strategie zum aktuellen Mitfließen mit dem Wegwerf-Geist.

2. *Die Fragmentierung der Erlebnisse wird zum neuen Bedürfnis der Konsumenten: von der optimistischen Gleichheit zur optischen Gleichzeitigkeit von Ungleichem.*

   Vom Corporate Design zum multi-optionalen Design.

3. *Zeitgeistige und szenische Services werden zur sozialen Ware: Szenen-Sponsoring wird zum Element der Ladengestaltung.*

   Von der materiellen Waren-Präsentation zum sozialen Lifestyling.

4. *Kontakt und Entertainment werden zu neuen Handelsfunktionen, die spezielle Aktionsbühnen benötigen ebenso wie eigenständige Software-Konzeptionen.*

   Von der Quadratmeter-Rentabilität hin zum Emotions-Management.

5. *Die Selbstorganisation der Kaufprozesse wird vom Handel stärker gefördert werden: Sein Präsentations-Schema wird sich verlagern von der rationalen Ordnung zum geordneten Chaos.*

   Von der autoritären Verhaltens-Führung hin zur Stimulation offener und freier Verhaltens-Konzepte.

Der Erlebnis-Handel verliert seine bisherige Statik, weil die Emotionen zu fließen beginnen.

Hinter all diesen Aspekten steckt nun als Thema aller Themen eine wichtige Achsenverlagerung:

von der Aktion zur Inter-Aktion.

Verkaufen wird damit immer mehr ein Aspekt des Arrangements. Und der neue Verkäufer wird immer mehr zum Gestalter von Partizipation. Der Handel wird deshalb dem *Konzept der Kooperation* folgen. Und das alles getreu dem Credo der kommenden, telematischen Epoche:

Nichts geht mehr allein.

Partizipation verlangt die Miteinbeziehung der Eigendynamiken, die außerhalb der Dynamik des Herstellers und Verkäufers liegen. Konzertation verlangt die dauerhafte Regie einer Wechselseitigkeit, die auf Win-Win ausgerichtet ist. Und Arrangement bedeutet praktizierte Co-Evolution, d. h. das gemeinsame Wachsen durch synergetische Effekte.

Die Tele-Revolution wird das Verkaufen neu erfinden.

Das ist – in knappen Worten – der Steckbrief für das interaktive Verkaufen in der telematischen Kultur. Und es ist zugleich auch ein Hinweis auf das Ende der klassischen linearen Manipulation. Dieser Trend wird in den nächsten 20 bis 30 Jahren dramatisch verstärkt werden durch die *Telekommunikation*. Wie der Experte Michael Shane betont hat, »beginnt die eigentliche Informations-Konsumenten-Revolution erst morgen«.

Bald wird in jedem Haushalt ein leistungsfähiger PC stehen, der die Konsumenten vernetzt mit *Zentren der Lebensberatung,* mit populären Datenbanken und mit dem laufenden Output unterschiedlicher Szenen und Netzwerke. Das führt zu einer bisher noch nie dagewesenen

Zugleich wandert die Künstliche Intelligenz immer mehr in diese Telematik hinein, so daß die elektronische Interaktion *Experten-Charakter* bekommt. Man kann also den Computer und den Zusatz-Aggregaten, z. B. das Gerät mit dem Namen »Newspeak« vom MIT-Labor, das als autonomer Info-Agent arbeitet, einsetzen, um ein aktives und professionelles Informations-Management zu betreiben ... für die normale Familie.

Das bedeutet, daß die *»volitionale« Komponente der Konsumenten* in einer sensationellen Form gesteigert und qualifiziert wird. Die elektronische Interaktion macht aus Rezipienten *aktive Agenten.* Sie organisieren völlig eigenständig und weitestgehend abgekoppelt von dem, was Produkte und ihre Hersteller verkünden, ihre eigene Warenwelt. Ihre Eigen-Information gängelt dann die Werbe-Information.

Damit verlagert sich in historisch einzigartiger Form der *Schwerpunkt der Autorität.* Nicht mehr der Hersteller und Verkäufer des Produktes hat die Autorität, sondern der Nachfrager.

Ohne Zukunfts-Dialoge wird dann nichts mehr gehen. Auch beim persönlichen Verkaufen (z. B. im Sinne des Direktvertriebs in den Wohnungen) nicht. Die kommende Konsumenten-Generation wird durch die PC-Revolution vorinformiert sein, volitional statt manipulativ agieren und wird autonome *Entscheidungs-Kalküle* durchführen (z. B. durch elektronische Experten-Systeme) jenseits von Verkaufs-Tricks und kreativer Werbung.

Es entsteht also eine permanent rivalisierende und vibrierende

Dialog-Wirklichkeit und damit das Ende aller Vorrechte des Verkäufers und des Herstellers. Bisher galt: Wer das Geld für die Kommunikation ausgibt, entscheidet weitestgehend über Inhalt und Verlauf der Kommunikation. In der telematischen Dialog-Kultur gibt es dieses automatische *Sender-Monopol* nicht mehr. Und das hat für den Verkäufer folgende Konsequenzen:

DIE RAHMEN-BEDINGUNGEN FÜR DAS BEFREITE VERKAUFEN

1. Aus Manipulation wird wechselseitige Dialog-Manipulation.
2. Verkaufen wird immer mehr zur kooperativen Produktion von Zukunfts-Glauben.
3. Der Handel wird immer mehr zum Lifeware-Lieferanten.

Man könnte diese Entwicklung auch als *»Trend zur Weisheit«* bezeichnen. Es war Alvin Toffler, der als erster darauf hingewiesen hat, daß hier eine Art »Machtbeben« stattfindet. Oder anders ausgedrückt: Telematik und Dialog-Elektronik verlangen von dem, der verkaufen will, den Aufbau einer grundsätzlich neuen Anpassungs-Fähigkeit. Und hier gilt nicht mehr das klassische Konzept der verkäuferischen Cleverneß, sondern

die Kompetenz zum Meta-Arrangement
... und das ist Weisheit.

Ich bin fest davon überzeugt, daß diese Form von Weisheit in das Konzept des Verkaufens hineinwandern wird. Damit wird das Verkaufen zwei der bisherigen Erfolgs-Faktoren verlieren, nämlich Materie und Psyche. Und man wird den Schwerpunkt zu einem neuen Attraktor verlagern, nämlich *Geist und Bewußtsein*. Kurz:

von der Seele zur Vernunft.

Das Interessante dabei ist nun, daß Materie (Produkte) und Psyche (Defizite, die man als Nutzen verkauft) immer motivational verkauft werden konnten, d. h., der Verkäufer konnte aus dem reichhaltigen Arsenal der *Motivations-Theorien* schöpfen. Er spielte damit die Rolle des Überzeugers. Und er überzeugte im Grunde mit dem psychologischen Defizit, das die Konsumenten ihm selbst offerierten. Das alles läuft heute noch unter Hard-Selling und Soft-Selling.

Man verkauft dabei durch das Erzeugen von Begehrlichkeit, oder anders ausgedrückt: durch die Herstellung von Phantasie für das Sein.

Wenn man aber auf Weisheit und Geist umschaltet, dann ist man sofort an der Leading Edge. Man kann dann nicht mehr die Sympathie für das Sein aufbauen, weil das im Grunde immer zu spät und zu gestrig ist. Und zugleich ist das Sein auch viel zu unbeweglich. Es hat nicht die Agilität und Offenheit dessen, was ich die Welt 3 genannt hatte, also die Welt der öffentlichen Phantasien und Ideen.

Deshalb entsteht eine neue Philosophie des Verkaufens, *die auf das Werden* ausgerichtet ist. Also findet eine Verlagerung statt:

vom Sein zum Werden.

Und hier ist es nun die zentrale Aufgabe des befreiten Verkäufers: Sympathie herzustellen für das, was wird. Man verkauft also das Produkt durch eine angestrebte Zukunft. Man verkauft durch Rituale der spontanen Zukunfts-Vereinbarung.

Wichtig ist nun, daß sich dabei das Prozedere grundsätzlich wandeln muß. Wenn man das Sein (Materie und Psyche) verkauft, dann kann man die Motivation der Menschen nutzen. Wenn man aber das Werden verkauft, dann muß man das Werden fördern . . . also stimulieren. Auch hier wieder eine deutliche Verlagerung:

vom Ausnutzen zum Fördern.

Beim Hard-Selling war der Verkäufer im Grunde immer ein Instrument einer Organisation, die sein Verhalten vorplant. Und beim neuen Verkaufen, dem Symbiotic Selling, ist er immer fördernder Mitgestalter einer Eigendynamik jenseits aller Strategien. Auch hier eine Verlagerung:

von der Organisation zur Selbstorganisation.

Dementsprechend verändert sich auch das Rollen-Konzept des befreiten Verkäufers. Er arbeitet jetzt nicht mehr mit den klassischen Techniken der Interpretation, sondern er arbeitet nunmehr mit neuen Techniken der Stimulation, Erfindung und Glaubens-Prägung. Die Verlagerung, die hier stattfindet:

vom Überzeuger zum Coach.

Am klarsten erkennt man aber den Methoden-Wandel an den Inhalten. Hard-Selling stellte funktionale und psychologische Nutzen in den Mittelpunkt. Was kann das Produkt, und was hast du persönlich davon, wenn du das Produkt kaufst?

Beim Symbiotic Selling geht es immer um Imaginationen, die in der Lage sind, neue Möglichkeiten des Lebens (Lifeware) und neue Bausteine für die Identität (Selfware) zu vermitteln. Und das ist praktizierte Co-Evolution. Und deshalb gibt es auch hier eine wichtige Achsenverlagerung:

Beim klassischen Verkaufen stand *Kommunikation* ganz im
Mittelpunkt. Deshalb scheint für viele Verkäufer das Thema
»Rhetorik, Stimmen-Training und Qualifizierung des Auftre-
tens« so wichtig zu sein. Man verstand sich als Spezialist für
personale Kommunikation.

Ganz anders dazu das Konzept beim Symbiotic Selling. Hier
operiert man in erster Linie *über die Persönlichkeit* und arbeitet mit den Techniken der Mitmenschlichkeit, also auch hier
ein deutlicher Wandel:

von der Kommunikation zur Persönlichkeit.

Das folgende Schaubild zeigt noch einmal diese Aspekte:

Klassisches Verkaufen	Symbiotic Selling
Sein Materie/Psyche	Werden Bewußtsein/Geist
Der Verkäufer als Überzeuger	Der Verkäufer als Coach
Interpretation Nutzen Motivierung	mentale Partnerschaft Zukünfte Co-Evolution
Kommunikation	Persönlichkeit
Motive strategisch ausnutzen	Eigen-Dynamiken spontan fördern
Organisation	Selbst-Organisation
Cleverneß	Weisheit

Wie die Tabelle zeigt, sind das sehr wesentliche Verlagerungen und Veränderungen. Und wenn man das alles in einer einzigen Quintessenz zusammenfassen will, dann kommt wirklich das heraus, was ich oben schon angedeutet habe:

Das Selbst-Konzept des Verkäufers wird sich wandeln von der Cleverneß des Anbietens zur Weisheit des Erfindens.

Weisheit, das ist natürlich ein ungewohnter Begriff für die Welt des Verkäufers. Und trotzdem habe ich in den letzten Monaten in zahlreichen Gesprächen mit Verkaufsleitern und

Spitzen-Verkäufern festgestellt, daß dieser Begriff voll ins Schwarze trifft.

Die meisten Verkäufer verstehen sich nämlich *nicht als Vollstrecker von vorgefertigten Plänen.* Und sie haben auch eine unbewußte Scheu davor, den Verkaufs-Akt dadurch zu operationalisieren, daß sie zuviel Taktik und Raffinement hineintragen.

In den vielen vertraulichen Gesprächen habe ich immer wieder gehört, daß die Sehnsucht der Verkäufer eigentlich ganz woanders hinzielt:

als Mensch akzeptiert zu werden und durch seine Menschlichkeit zu verkaufen.

Auf der anderen Seite gibt es – soweit ich es beobachten kann – überhaupt keine Instrumente und Regeln für dieses *Verkaufen per Mitmenschlichkeit.* Und das ist ja auch logisch, weil Mitmenschlichkeit sich weitestgehend der Operationalität und der strategischen Vorplanung entzieht. Die meisten Verkäufer spüren das sehr genau und sagen deshalb:

»Je mehr du taktisch planst, um so mehr reduzierst du deine Persönlichkeit.«

Aber trotzdem ist fast jedes Buch, das von Verkauf handelt, ein Buch der 1000 Tricks und Kniffe. Und auch die Verkaufs-Workshops, die ich beobachtet und analysiert habe, waren überwiegend Einführungen in taktische Wenn-dann-Gesetze... oft sogar in einer erschreckend paramilitärischen Form.

Vielleicht lohnt an dieser Stelle, den Bestseller von Mario Ohoven, »Die Magie des Power Selling« (Landsberg/Lech 1991), zu analysieren. Zum einen, weil es ein wirklich extrem gut verkauftes Buch ist (bereits 5. Auflage in wenigen Monaten), und zum anderen, weil es versucht, die *Magie des Ver-kaufens* gerade dorthin zu verlagern, wo ich sie überhaupt nicht plazieren würde, nämlich in das *Feld der Techniken und Taktiken.*

Zuerst einmal muß man sagen, daß Mario Ohoven ein begnadeter Verkäufer ist, außerordentlich erfolgreich in seinem Metier. Er hat viele tausend Verkäufer kennengelernt und ausgebildet. Er weiß, wovon er spricht. Und man spürt es in dem Buch deutlich: Dieser Mann kann wirklich verkaufen!

Und dennoch beschreibt dieses Buch alles, aber nicht die Magie, die hinter Spitzenverkäufern wie Mario Ohoven mit Sicherheit steht. Es beschreibt z. B. überhaupt nicht

die Rolle des Unsichtbaren beim Herstellen von Verkaufs-Erfolg.

Aber genau das ist Magie. Im Grunde ist dieses erfolgreiche Buch eine *Bibel des Hard-Selling* mit einer großen Portion Soft-Make-up. Das Buch berücksichtigt weder die Ausbreitung des neuen Erregungs-Gehirns noch die telematischen Tendenzen in unserer Kultur, die zu immer mehr Fragmentierung und *autonomer Forderungs-Intelligenz* der Kunden führen.

Insofern ist das Buch ein Kompendium linearer Manipulations-Techniken. Dementsprechend arbeitet es auch noch mit Typologien statt mit eigendynamischen Prozessen. Es operiert immer noch mit starren Wenn-dann-Regeln statt mit fließenden Attraktoren.

Damit ist dieses Buch prototypisch für viele oder – besser gesagt – fast alle Verkaufs-Bücher, die ich kenne: Es hat noch nicht die chaotischen Aspekte der Non-Linearität in sich integriert, ebenso noch nicht die Macht des neuen Konsumenten mit seinem *wachsenden Hunger nach neuen Zukünften*.

Dementsprechend operiert Ohoven auch mit Techniken, die »direkt« funktionieren. Er vertraut noch nicht dem »Indirekten«. Aber in non-linearen Konstellationen – also in Zeiten modischer Märkte – operiert der erfolgreiche Verkäufer besser mit indirekten Techniken, also mit spontanen und symbiotischen Attraktoren statt mit strategischem Verhalten.

Die folgende Übersicht zeigt noch einmal den Unterschied:

bisher	neu
Verhaltens-Taktiken	Attraktoren
direkt – starr	indirekt – spontan
strategisch	kooperativ
gut für Linearität	gut für Non-Linearität
Manipulation	Co-Evolution
Verkaufen	**Symbiotic Selling**

In dem Buch von Ohoven werden Attraktoren noch nicht einmal am Rande gestreift. Aber es gibt sechs Attraktoren, die den Verkäufer erfolgreich machen in der telematischen Epoche, die jetzt alle Märkte umprogrammiert ... umprogrammiert auf Zukunfts-Erfindung (Autopoiese).

Werfen wir jetzt einen Blick auf diese sechs Attraktoren:

DIE 6 ATTRAKTOREN FÜR DAS SYMBIOTIC SELLING

1. Absichtslosigkeit des Verkäufers

2. Zukunfts-Reichtum der Sprache

3. stimulative Dialog-Führung

4. Liebes-Fähigkeit des Verkäufers / Charisma des Helfers

5. Glück als Energie für Co-Evolution

6. Inklusions-Codierungen (spontane Gefühls-Gemeinschaft)

Ganz im Gegenteil, dazu finden wir in diesem erfolgreichen Buch, das bewußt versucht, die Magie des besseren Verkaufens zu beschreiben, viele *vorgestanzte Einwands-Behandlungen,* also Argumentations-Tricks, die aber nur dann wirklich funktionieren, wenn z. B. zugleich viel Liebe da ist. Aber wenn man diese Liebe (z. B. Charisma des Helfers) einbringen kann, dann braucht man auch nicht mehr die auswendig gelernten Formulierungen und Tricks zur Einwands-Behandlung. Oder anders ausgedrückt:

> Wenn man mit den symbiotischen Attraktoren verkauft, sind Verhaltens-Taktiken nicht mehr nötig. Die symbiotischen Attraktoren wirken besser als die Verhaltens-Taktiken.

Weiterhin findet man in dem Buch viele inzwischen auch wissenschaftlich überholte Techniken und Empfehlungen aus dem alten *Stimulus-Response-Arsenal,* also mechanistische Konditionierungs-Techniken, z. B. »Blick als Waffe« oder Mimik und Gestik als bewußte Instrumente der Manipulation.

Man findet auch zahlreiche Standardisierungen, Typologie-Raster und ausgesprochen lineare Beziehungen z. B. zwischen Rhetorik und Menschentypen. Die situativen und damit co-evolutionären Aspekte werden dadurch völlig ignoriert. Das, was also die *tatsächliche Realität beim Verkaufen* ist, wird ausgegrenzt und kann deshalb auch instrumentell nicht optimiert werden.

Ein Beispiel dafür: Es gibt eine sehr genaue Untersuchung, die beweist, daß die oft verkündeten Regeln der Gestik und der Mimik schlichtweg falsch sind. Je nach Konstellation drücken Gestik und Mimik des Kunden etwas völlig anderes aus. Man kann hier also keine Standardisierungen und Cluster ansetzen. Die Wirksamkeit von Mimik und Gestik ist so breit, daß sie nur noch singulär zu deuten ist. Es gibt keine Regeln mehr.

> **Statt auf taktische Regeln zu setzen, sollte der befreite Verkäufer sein persönliches Glück als Energie einsetzen.**

Was der Verkäufer in dieser Situation der »Regellosigkeit« aber dringend braucht, ist z. B. *persönliches Glück*. Er muß beim Prozeß des Verkaufens glücklich sein. Er muß sein Glück direkt fühlen können, während er verkauft. Warum? Weil Glück diejenige Energie ist, die Symbiosen ermöglicht.

> **Wenn man Symbiotic Selling betreiben will, ist das real gelebte Glück des Verkäufers die zwingende Voraussetzung für die mentalen Partnerschaften.**

Weiterhin findet man in dem Buch von Ohoven sehr viel Kombinationen zwischen Typologien und Output-Prognosen, so z. B. werden die Kunden eingeteilt in »denkende Kunden« und »gutmütige Kunden« usw. Es ist nicht nur problematisch, eine derartige Typologie im Kopf zu haben, sondern es ist auch äußerst dysfunktional, wenn man daran Verhaltens-Erwartungen knüpft, also Konzepte des eigenen verkäuferischen Verhaltens und Reaktions-Erwartungen seitens der Kunden.

Viel wichtiger ist es in diesem Zusammenhang, auf den Attraktor »*Zukunfts-Reichtum*« zu setzen. Je mehr Zukünfte optional im Gespräch angeboten werden können, um so besser kann der Verkäufer in die ohnehin stattfindende Eigendynamik des Kunden einsteigen. Oder anders ausgedrückt:

> **Ich bin nur dann im augenblicklichen Leben des Kunden, wenn er sein Leben im Augenblick meiner Sprech-Akte weiterentwickelt.**

In dem Buch findet man auch diverse Formeln, die die Sprachführung exakt festlegen sollen, und diverse, außerordentlich umfangreiche Checklisten, z. B. 13 Punkte für die »Kontrolle über das Gespräch«. Oder 18 Regie-Anweisungen für Argumentationen. Oder 12 unterschiedliche Abschluß-Taktiken usw. . . . ein ganzes Arsenal von taktischen und strategischen Prinzipien, die aber aus der Sicht der spontanen Symbiosen nichts anderes als Fesseln darstellen. Sie erzeugen den unfreien Verkäufer.

> **Das Verkaufen muß so frei werden, daß es sich von der Eigendynamik der Kunden steuern läßt.**

Somit wäre es besser, man würde dieses dicke Paket von Taktiken, das ohnehin kein Verkäufer im Kopf behalten kann, vergessen und sich auf denjenigen Attraktor konzentrieren, der an die Stelle dieser Verhaltens-Taktiken gestellt werden kann, z. B. *Absichtslosigkeit* in Verbindung mit einem anderen Attraktor, nämlich *stimulative Sprachführung*.

Diese Attraktoren sind eher *Aspekte der Weisheit* und der stimulierenden Persönlichkeit und nicht so sehr Taktiken aus dem Arsenal der linearen Manipulation. Wenn z. B. ein Verkäufer das entwickelt, was die Psychologen *»Expanded Self«* nennen, also ein ausgeweitetes Ich durch gelebte Absichtslosigkeit, dann entsteht eine eigenartige

Intimität ohne sichtbare Anzeichen von Intimität.

Diese Intimität liegt dann in der Stimme des Verkäufers ganz wie von selbst, also natürlich. So etwas kann aber nicht per Taktik hergestellt werden. Diese Intimität fließt dann auch in den Inhalt des Verkaufs-Gespräches ein, ohne daß es eigentlicher Inhalt des Gespräches ist.

Alles in allem: Ich will hier in gar keiner Weise das Buch von Ohoven in Grund und Boden reden. Das ist wirklich nicht meine Absicht, ganz im Gegenteil: Ich weiß, daß hier ein Spitzenverkäufer argumentiert, ein Verkäufer von einer Qualität, wie man sie nicht sehr oft findet. Und ich bin auch sehr sicher, daß ich persönlich mit Sicherheit nicht so gut verkaufen könnte, wie Mario Ohoven es kann.

Und trotzdem gilt das, was ich gesagt habe, um so mehr, gerade weil Ohoven so überdurchschnittlich gut ist. Aus der systemischen Sicht könnte man nämlich einen derartigen Spitzenmann des Verkaufs beschreiben als eine *»Überschuß-Persönlichkeit«*.

Er verfügt also über ein überschießendes Repertoire an Methoden, Techniken, Erfahrungen und Konzepten. Er repräsentiert also eine wesentlich *höhere Komplexität,* als man sie in einem Buch konkretisieren kann. Und diese höhere Komplexität kann er vermutlich verbinden mit einem großen Maß an *Spontaneität und menschlicher Wärme.* Man könnte sagen: Er verfügt über ein Meta-Repertoir im Rahmen einer Meta-Freiheit.

Diese Konstellation kennt man unter dem Stichwort »Master

Modelling«. Das wird z. B. in der Psychotherapie oft so gehandhabt, u. a. ist NLP (Neurolinguistische Programmierung) so entstanden. Man filmt per Video die Arbeit von Spitzenkönnern. Und wenn man dann viele Spitzenkönner auf Band hat, dann analysiert ein Team das, was sie alle gemeinsam gut machen, obwohl sie es unterschiedlich machen.

Bei der Entwicklung des NLP kamen z. B. nur ganz wenige Attraktoren heraus. Aber wenn man diese dann vermitteln und methodisch trainierbar machen möchte, dann gibt es sofort eine Flut von Regeln und Unter-Regeln und von Abweichungs-Regeln und von Zusatz-Regeln ... man erstickt in dem, was plötzlich alles dazugehört. Anders gesagt:

> Spitzen-Verkäufer sind spontane Überschuß-Könner.
> Wenn man ihr Können in Regeln festlegen will,
> gibt es so viele Regeln,
> daß das Verhalten daran erstickt.
> Wenn man aber nur die wichtigsten Regeln preisgibt,
> wird das Verhalten zu eng für den Erfolg.
> Das ist das Problem mit den Power-Büchern
> der echten, wahren Stars.

Genauso ist es bei jedem Spitzenverkäufer, egal für welches Produkt er in welcher Branche arbeitet. Er wird vermutlich aufgrund seines Überschuß-Repertoires alles spontan handhaben, also im Grunde *jenseits der Regeln operieren,* so wie ein guter Künstler nur dann wirklich gut wird, wenn er all das im Schöpfungs-Prozeß vergißt, was er in der Akademie als Regeln gelernt hat.

Auf den Verkäufer bezogen, heißt das:

> Wenn der Spitzenverkäufer seine Regeln alle befolgen
> würde, würde er genauso gut verkaufen wie ohne
> Regeln.

Aber nur ohne Regeln wird er zum Spitzenverkäufer.

Das Problem liegt nicht bei den wenigen Superstars. Das Problem liegt in den Büchern, die sie schreiben. Die enden immer in seitenlangen Checklisten. Und auch das Buch von Edgar K. Geffroy (»Verkaufserfolg auf Abruf«, Landsberg 1987; bereits in der 6. Auflage), das ich für eines der besten halte, operiert mit unzählig vielen Ratio-Gesetzen und Verhaltens-Regulierungen.

Ich habe dann immer den Eindruck, wenn ich die Seiten durchlese, als wäre ich in einer Bürokratie. Aber Behörden scheinen spontaner zu sein! Und doch weiß ich, daß Spitzenkönner wie Geffroy, wenn sie selbst verkaufen, viel mehr investieren als das, was sie schriftlich niedergelegt haben, nämlich

ihre spontane Menschlichkeit ..., die Vertrauen herstellt.

Wenn nun aber ein Nachwuchs-Verkäufer ausgebildet wird, dann können diese Erfolgs-Bücher mit den 1000 Regeln und 100 Erfolgs-Taktiken sehr schnell schädlich werden. Denn derartige Bücher sind ja nicht nur Checklisten, sondern leider *auch mentale Programmierungen:* Man programmiert seinen Mind dadurch *auf eine starre Mechanistik,* die gerade die Spitzenverkäufer permanent geschickt umgehen.

> **Es geht nicht darum, das Verkaufen zu trainieren, sondern darum, den symbiotischen Menschen zu fördern.**

Und besonders problematisch wird es, wenn man nicht so begabte Verkäufer damit konsequent schult, was ja besonders häufig gemacht wird: Da kann ein Mensch schnell kaputtgemacht werden.

Man müßte völlig anders arbeiten, z. B. im Training oder in der Nachwuchs-Schulung. Denn im Grunde geht es doch darum, zuerst einmal die sechs symbiotischen Attraktoren in der Persönlichkeit des Verkäufers aufzubauen. Nur diese sechs und keinen mehr! Also:

1. **Absichtslosigkeit**
2. **Zukunfts-Reichtum**
3. **Stimulative Sprach-Führung**
4. **Liebes-Charisma**
5. **Glück**
6. **Inklusions-Codierungen**

Und wenn das alles aufgebaut ist und wirklich vital gelebt wird, dann kann man schauen, was man vielleicht noch zu lernen hat. Meine eigenen Erfahrungen: Dann will man nicht mehr viel lernen, und dann braucht man auch nicht mehr viel zu lernen, weil man bereits ein

Meister der Co-Manipulation durch spontane Symbiosen

geworden ist, d. h.:

Man benutzt den Kunden als Sollwert-Geber für das, was man jenseits aller Strategien und Regeln tut.

Man läßt sich durch den Kunden stimulieren und führen. Und die eigene Persönlichkeit, die als permanente Input-Schleife präsent ist, verändert im Verkaufs-Gespräch den Kunden immer mehr in die Richtung, die das Verkaufen leichter macht. Man könnte es mit folgender Analogie beschreiben:

Es ist wie ein Schattenboxen, aus dem sich immer mehr eine Umarmung entwickelt.

Die Meisterschaft ist das Ergebnis . . ., sie wird nicht direkt trainiert.

Voraussetzung dafür ist aber die Tatsache, daß jeder Verkäufer sein *eigenes Überschuß-Repertoire* soweit wie möglich in sich aufbaut, also viel mehr als die Verkaufs-Bücher beschreiben können. Diese Meta-Ebene des Überschusses stellt sich indirekt her. Sie wird also nicht direkt linear auswendig gelernt und mechanistisch trainiert, sondern sie ist *die Resultante* aus den sechs genannten Attraktoren des Symbiotic Selling.

Das, was ich hier diskutiere, ist im Grunde in einem einzigen schlichten Satz zusammenzufassen:

DIE PHILOSOPHIE DES BEFREITEN VERKÄUFERS

Man kann nur das Niveau verkaufen, das man persönlich hat.

Und das erklärt auch, warum die Verkaufs-Bestseller so viele Tricks und Gesetze präsentieren. Sie werden meistens nämlich von den Männern mit Spitzen-Niveau geschrieben. Und wenn sie sich dann einmal zwingen, alles das aufzuschreiben, was sie so erfolgreich macht, dann kommt genau das heraus, was sie mit Sicherheit nicht erfolgreich macht.

Es kommt noch ein Weiteres hinzu: Ich bin ziemlich sicher, daß viele Star-Verkäufer sich selbst nicht sehr gut kennen. Ohoven schreibt z. B.: »Der Power-Seller macht das Geschäft unter allen Umständen, weil er die Belohnung des Gewinnens für sich selbst braucht – weil er es seinem Ego einfach schuldig ist, stets zu gewinnen.« Und er schreibt auch, daß man handeln müsse wie am Schachbrett: ». . . bis ins kleinste Detail sorgfältig geplant.«

Vermutlich verkauft er aber deshalb so gut, weil er einfach

Good Vibrations erzeugt, wenn er den Raum betritt, und weil er über ein hochkarätiges Expanded Self verfügt. Ich will also sagen:

> **Die Spitzenverkäufer verkaufen nicht wegen ihrer Regeln, sondern trotz ihrer Regeln.**

Und damit kommen wir wieder zu meiner Einstiegs-These:

> **Wer auf hohem Niveau erfolgreich verkaufen will, muß mit dem, was eigentlich unsichtbar ist, operieren: also Liebe, Glück, Zukunfts-Offenheit, Absichtslosigkeit, Stimulation und spontane Wir-Codierungen.**

Ich will nun gar nicht behaupten, daß das alles nicht trainierbar sei ... dieses Unsichtbare. Es ist trainierbar, aber nicht im Rahmen mechanistischer und rationaler Konzepte. Und es ist eben nicht linear trainierbar ... also ziel-strategisch, denn:

> **Das Unsichtbare ist das Eigentliche.**

> **Das Eigentliche entsteht indirekt.**

Um dieses »Indirekte« noch etwas näher zu beschreiben, möchte ich z. B. darauf hinweisen, daß derjenige, der *keinen Mut hat, glücklich zu sein,* auch nicht wirklich gut verkaufen kann. In dem Buch von Ohoven findet man dazu ein sehr treffendes Zitat von Abraham Lincoln: »Die meisten Menschen sind so glücklich, wie sie sein wollen.«

Also muß man die Glaubens-Muster, die ein Verkäufer hinsichtlich seines Glücks entwickelt hat, verändern. Jeder definiert nämlich heimlich dasjenige Maß an Glück, das ihm angeblich zusteht. Und zugleich stecken in unserer Psyche einige fragwürdige Glücks-Ideologien, die alles andere als glücklich sind, z. B. glauben die meisten Menschen, *daß Glück eine Ursache haben muß.* Ohne Grund kein Glück.

Nun zeigt aber die Emotions-Forschung, daß Glück nichts anderes ist als *ein Brain-Programm,* das so konditioniert werden kann, daß es keinen Anlaß benötigt, um wirksam zu werden. Man kann also auch glücklich sein ohne einen Grund dazu.

Ich habe in den letzten Jahren sehr viele Manager, Unternehmer und Verkäufer mental trainiert und weiß daher sehr genau Bescheid über die *heimlichen Glücks-Verbote,* die in unseren Köpfen wirksam sind. Die meisten Menschen limitieren ihr Glück.

Wenn man also einen Verkäufer zu einem noch besseren Verkäufer machen will, dann ist es viel effizienter, seine *heimliche Glücks-Limitierung* aufzudecken, um dann mit ihm gemeinsam ein neues Glücks-Niveau im Mind zu etablieren . . . das ist viel erfolgreicher, als nun die 24. Regel-Technik einzuüben, die man draufhaben muß, wenn der Kunde zu schweigen beginnt oder mit der Stirn runzelt.

Im Mittelpunkt des befreiten Verkaufens steht das unlimitierte Glück des Verkäufers.

Und die sechs Attraktoren, für die ich hier so leidenschaftlich plädiere, sind alle nur *auf diese indirekte Art zu trainieren.* Es sind indirekte Attraktoren, und man kann sie auch nur indirekt qualifizieren.

Wie trainiert man die sechs Attraktoren der Symbiose?

Wenn wir uns das konkreter anschauen, dann kommt ein sehr neuartiges Arsenal von Trainings-Ansätzen heraus. Werfen wir einige Spotlights darauf:

Der 1. Attraktor:

Die Absichtslosigkeit eines Verkäufers ist in erster Linie ein Aspekt des persönlichen Selbst-Konzeptes.

Absichtslosigkeit entsteht, wenn sich die Identität einer Person öffnet, so daß sie fähig wird, die Welt zu begreifen und zu erleben *ohne permanente Ich-Kopplung.*

Ich habe diesen Aspekt mit sehr gutem Erfolg trainiert durch eine spezielle Meditations-Technik, gepaart mit modernen Brain-Machines. Meine Erfahrungen beweisen, daß mythisch-meditative Reisen am schnellsten diese Kompetenz aufbauen. Schnell und gezielt . . ., aber auf angenehme und natürliche Art.

Der 2. Attraktor:

Der Zukunfts-Reichtum eines Verkäufers ist in erster Linie ein Aspekt seines persönlichen Monitorings.

Viele Verkäufer konzentrieren sich so sehr auf ihre Rolle als »sozio-emotionaler Spezialist«, daß sie unbewußt zu einem dogmatischen Narzißmus gelangen, d. h., sie beginnen, eine Eigen-Liebe in die Welt hineinzuprojizieren, die sie immer unfähiger macht, parallele, alternative und paradoxe Welten kennenzulernen und als »Zusatz-Realitäten« mental zu integrieren.

Was kann man tun? Ich habe gute Erfolge mit einem *Zeitgeist-Monitoring* für Verkäufer. Das sieht so aus, daß ich zwei- bis dreimal im Jahr Zeitgeist-Konferenzen mit den Verkäufern veranstalte, wo wir in einer betont relaxten Form uns alle sozialen Strömungen an der Leading Edge vergegenwärtigen.

> **Ohne aktuelles Wissen über Zeitgeist und Zukunft kann der Verkäufer keine Symbiosen aufbauen.**

Wir erleben die Edge. Wir erleben die vielen neuen und parallelen Welten.

Zu Beginn weigern sich manche Verkäufer, so etwas mitzumachen. Und wiederholt habe ich gehört, daß das alles gar nichts mit ihrem Beruf zu tun habe, sie seien schließlich keine Futurologen oder Sozialforscher.

Aber wenn sie dann diesen Weg erst einmal mitgehen, dann entsteht langsam in ihrem Gehirn *ein neuer Fokus,* also ein neues Fenster für fremde Welten und ungewohnte Realitäten. Und das wiederum erzeugt auf indirektem Wege andere Sprachfiguren, andere Argumente, ja auch andere gestische und mimische Qualitäten.

Wenn es stimmt, daß das symbiotische Verkaufen in erster Linie über *mentale Zukunfts-Verträge* läuft, dann muß der neue Verkäufer fähig sein, im Mind-System seines Kunden diejenigen Projektionen und Imaginationen zu stimulieren, die Zukünfte herstellen. Das Zeitgeist-Monitoring ist aus meiner Sicht der beste und natürlichste Weg, um diese Kompetenz aufzubauen.

Der 3. Attraktor:

Die stimulative Sprachführung eines Verkäufers ist in erster Linie ein Aspekt der Naivität.

Das klingt am Anfang etwas eigenartig: Soll der neue Verkäufer naiv sein, naiv im Sinne von dumm und unbewußt? Nein, nicht in diesem Sinne! Es handelt sich hier um eine *Trial-and-error-Naivität,* wie man sie in hervorragender Form auch bei erfolgreichen Unternehmern findet, also der weitestgehende Verzicht auf maskiertes Verhalten und zur Schau gestellter Cleverneß. Es ist die Kraft, so zu sein, wie man ist . . ., ungeschützt, weil ohne Angst.

Die stimulative Sprache kann man nicht per Rhetorik trainieren, sondern sie stellt sich indirekt her, also wie von selbst, wenn man sich z. B. angewöhnt, das, was man gerade ausspricht, auch optisch zu sehen, sozusagen *vor seinem inneren Auge.*

Dann wird die Sprache sofort weggerückt von der kalten Kognition. Und es kommt etwas Märchenhaftes, Verträumtes hinzu, was gar nicht im Inhalt liegt, sondern in der Art, wie der Inhalt vibriert. In der psychologischen Forschung kennt man dieses Konzept als *»intelligente Naivität«*. Dahinter steht ein anderer, ebenfalls wichtiger Aspekt für die stimulative Sprache. Hier handelt es sich um den Hintergrund-Faktor *»Urvertrauen«*.

> Je mehr Ur-Vertrauen ein Verkäufer hat, um so offener wird sein Verhalten.

Wenn es gelingt, dieses Urvertrauen des Verkäufers deutlich zu verbessern, dann legt er *immer mehr seine Maske ab.* Und die meisten Menschen operieren unbewußt mit der Maske der Cleverneß, weil sie Angst vor Verletzungen haben.

Deshalb arbeite ich in meinen Verkäufer-Trainings so gern mit modernen Techniken zur Produktion von Urvertrauen, z. B. mit dem Samadhi-Tank oder mit mythischen Reisen (Ton-Kassetten) aus dem Anwendungs-Gebiet der Gehirn-Forschung.

Wenn das Urvertrauen sich als neue Mind-Card im Glaubens-System des Verkäufers etabliert hat, dann entwickelt sich in ihm die Fähigkeit, *ins Ungeschützte hineinzureden,* also eigentlich total verwundbar zu werden im Dialog mit dem Kunden. Und genau das verändert die Sprache außerordentlich, eine »Sprache der Zukunft« entsteht . . ., eine stimulative Sprache für gemeinsame Zukunfts-Erfindungen.

Der 4. Attraktor und der 5. Attraktor:

Das Liebes-Charisma eines Verkäufers ist in erster Linie ein Aspekt des Glücks.

An dieser Stelle können wir den 4. und den 5. Attraktor zusammen beschreiben, denn die gemeinsame Formel lautet: *»Glück als Energie für Co-Evolution«*. Glück und Liebe sind im Grunde die zwei Seiten der gleichen Medaille.

Wenn ein Verkäufer ein *ursachenloses Glück* aufbauen kann, dann findet er sehr leicht den Weg zu dem, was man in der Psychologie *All-Liebe* nennt. Das ist nicht die private Liebe zur Ehefrau oder zum Hobby, sondern es ist die Liebe zu dem Gemeinsamen, das in allen unterschiedlichen Menschen zu erkennen ist.

Wir hatten den Aspekt »Liebe« ja auch schon als Dimension beim ersten Attraktor, der »Absichtslosigkeit«, und deshalb wird es Sie nicht verwundern, daß der absolute Schwerpunkt meiner Trainings-Maßnahmen für den befreiten Verkäufer überhaupt nichts mit Rhetorik oder Methodik zu tun hat, sondern mit einem modernen, komplexen Lern-Programm von Glück.

Dieses Trainings-Programm habe ich MIND DESIGN benannt. Und es beansprucht sechs Tage. Jeden Tag rund 16 Stunden, ein sehr intensives und zugleich relaxtes Programm. Und trotzdem vermittele ich in diesen vielen, vielen Stunden nur 3 bis 4 Stunden Theorie. Die meiste Zeit wird investiert, um Glück praktisch zu lernen. Das Machen von Glück ohne Ursache dafür. Warum? Das Symbiotic Selling ist in erster Linie

ein Gehen zum Glück.

Aber es ist auch klar, daß Glück gelernt werden muß, daß es nicht automatisch da ist. Zwar hat jeder Mensch ab und zu einige Stunden, in denen er sich besonders glücklich fühlt. Aber es geht nicht um diese Form von verursachtem Glück, sondern es geht um das

Aufbauen einer stabilen Glückseligkeit.

Und das ist enorm wichtig für den befreiten Verkäufer, weil die meisten Spitzen-Verkäufer, die ich interviewt habe, sehr genau wissen, daß sie eigentlich nicht durch raffinierte Kommunikation verkaufen, sondern erstens durch *Persönlichkeit* und zweitens durch *Mitmenschlichkeit.*

Und nun stellt sich die Frage: Wie können diese beiden Dimensionen qualifiziert werden? Viele Menschen brauchen fast ein ganzes Leben dafür. Und viele schaffen es überhaupt nicht.

Ich habe mehr als zehn Jahre entwickelt, getestet und ausprobiert, zumeist innerhalb meiner Coaching-Prozesse bei den Firmen. Und ich bin nach etlichen Fehlversuchen und Sackgassen dann zu meinem MIND DESIGN gekommen, verstanden als ein komprimiertes meditatives *Tiefen-Training der Glücks-Programme.*

Dabei lenke ich den Prozeß so, daß in den sechs Tagen, die das Training umfaßt, das Selbst-Konzept der Verkäufer geöffnet und positiviert wird (die Entdeckung des guten Menschen im Selbst-Konzept), während zugleich das Trainings-Programm für *Glück als Mind-Card* läuft. Zum Schluß verschmelzen Selbst-Konzept und Glücks-Mind-Card zu einer einzigartigen Einheit:

Das Ich des Verkäufers ist ein stabiles Glück.

Der 6. Attraktor:

Das Problem der Inklusions-Codierung löst sich auf, wenn die anderen Attraktoren gelernt worden sind.

Das war für mich die größte Überraschung beim Entwickeln meines Trainings (MIND DESIGN). Es war die Entdeckung dessen, was man die »morphische Resonanz« (Sheldrake) nennt.

Darunter versteht man eine Kommunikation mit einer Person, ohne daß man wirklich kommuniziert, also ein außersprachliches Vermitteln von Inhalten außerhalb der sichtbaren und sinnlich wahrnehmbaren Welt. *Ein Reden, ohne wirklich zu reden.*

Morphische Resonanzen sind also Form-Widerspiegelungen, die dadurch geschehen, daß der Kunde, der vor einem sitzt, ohne daß er es merkt, seinen Mind *auf Imitation umschaltet.* Konkreter gesagt:

Der Kunde beginnt, den Verkäufer in seine Identität zu integrieren, weil er die Identität des Verkäufers als Bereicherung und Erhöhung erlebt.

Die Inklusions-Codierung sagt: »Wir sind eins in einer spontanen gemeinsamen Welt.« Aber dieser Inhalt, besser dieses intensive Gefühl, wird nicht per Sprache vermittelt oder durch Handlungen konkretisiert. Er entsteht als summarisches Ergebnis der fünf anderen Attraktoren:

Der Inklusions-Code wird vom Käufer selbst hergestellt.

Alles in allem: Ich glaube, es ist sichtbar geworden, daß das Symbiotic Selling nicht mit taktischer Argumentation oder mit Überrumpelungs-Theoretik arbeitet, sondern mit dem Zusammenwirken von Attraktoren. Mehr braucht der befreite Verkäufer nicht.

Und ich glaube, ich habe auch ein wenig skizzieren können, daß diese Attraktoren nicht nur indirekt wirken, sondern auch indirekt trainiert werden sollten. Und ich hoffe, daß meine Erläuterungen in groben Umrissen auch aufgezeigt haben, wie so ein Trainings-Programm aussehen könnte.

Das, was ich für Verkäufer als Trainings-Programm durchführe, trägt nicht umsonst den Titel »MIND DESIGN«. Ich bin aufgrund meiner konkreten praktischen Erfahrungen inzwischen felsenfest davon überzeugt, daß die *Qualifizierung der Mind-Programme* der Schlüsselweg zum Spitzenverkäufer ist ... und gerade bei denjenigen, die nicht so genial sind, wie es die Superstars von Natur aus sind.

Das Verkaufen wandert weg von den Psycho-Konzepten.

Lassen Sie uns nunmehr etwas konkreter einsteigen in die Methodik und in das Instrumentarium des Symbiotic Selling, davon ausgehend, daß diese Verkaufs-Konzeption das geeignete Instrument für den Verkäufer in der telematischen Kultur sein wird, also in einer Kultur, die gekennzeichnet ist durch

die prinzipielle Offenheit, verursacht durch Multiplizität.

Wir finden diese Multiplizität in vielfältigen Formen in der Gesellschaft. Der aktuelle Trend der Fragmentierung gehört ebenso dazu wie der *Cross-Culture-Trend,* der sich als typische Dynamik in der Weltwirtschaft immer mehr bemerkbar macht. Alles verbindet sich mit allem. Und im Organisations-Bereich der Firmen beobachten wir überall De-Strukturierung. Und in der Politik flächendeckend vielfache De-Regulierungen.

Die Multiplizität können wir aber auch bei den Orientierungen der Menschen erkennen. Also jener Trend, der zu einem permanenten *Wachstum der Unterschiede* und der Zukunfts-Ideen führt.

Aber auch die *aktuelle Werte-Zerstörung* gehört dazu: Brüche und wandernde Storys ersetzen die bisherige Verbindlichkeit der festen Werte. Und auch die aktuelle Edge-Romantik gehört dazu, die unsere Gesellschaft fit macht für die tägliche Evolution. Und zu guter Letzt ist auch das »*Paradigma der vielen Paradigmen«* zu nennen. Es gibt im Grunde nämlich kein verbindliches Paradigma mehr:

Alles wird zum Kaleidoskop von Möglichkeiten.

Wir können diese Multiplizität aber auch in den großen Prozessen unserer Kultur erkennen. Dazu gehört der bereits beschriebene Telematik-Trend, der unsere Gesellschaft zu einer neuen Intelligenz der Selbst-Steuerung führt. Der Kinetik-Trend gehört ebenfalls dazu, also *die Beschleunigung aller Zeiten.*

Man müßte auch die Integrale Kultur dazurechnen, also die wachsende Fähigkeit unserer Kultur, Parallelitäten zu erzeugen, also Gleich-Zeitigkeiten, was schließlich wiederum zur *Chaos-Ordnung* führt, also zur Dominanz der Nicht-Linearität. Und letztlich ist auch *Autopoiese,* dieses so aktuelle Kunstwort, in diesen Kontext einzureihen, also die »Selbsterzeugung von Systemen« (Maturana).

Wir beobachten die Multiplizität aber auch bei den Identitäten. Hierzu gehört der neue Narzißmus, also *das neue Wir-Ich,* das sich hauptsächlich in der Jugendkultur breitmacht. Ebenso gehören die Themen »Multiphrenie« und »Multi-Mind« dazu mit ihrem neuen Fokus, der auf Selfware gerichtet ist: Fluktuative Identitäten benötigen permanent Bausteine zur weiteren Fluktuation.

Und schließlich gehört auch das neue *Erregungs-Gehirn der jüngeren Konsumenten* dazu, also dasjenige Gehirn, das auf Stimulation ausgerichtet ist und nicht mehr auf Ordnung. Deshalb gibt es auch nicht mehr das Dogma der Selbstverwirklichung, sondern die neue *Idee der Selbst-Erfindung.*

Wir sehen also, daß die Multiplizität ein wirklicher Mega-Trend ist oder – wie die Amerikaner zu sagen pflegen – ein Master-Trend:

Das wichtigste Ergebnis dieser Offenheit ist der Zusammenbruch der psychologischen Konzepte. Warum?

In der bisherigen Gesellschaft der Strukturen und der verbindlichen Werte gab es immer *die Spannung zwischen Erreichen und Anstreben.* In einer solchen Konstellation waren deshalb die Defizite von ungeheurer Wichtigkeit, also die Defizite, die die Konsumenten haben.

Wenn dann z. B. ein Mann ein *Kleinheits-Ich* hat, dann wird er immer auf Prestige-Angebote besonders abfahren. Er hat also ein psychologisch geankertes Dauer-Defizit. Und in der bisherigen Phase des Marketings und des Verkaufs konnte man diese *Psycho-Defizite* permanent ausnutzen. Man verkaufte über psychische Probleme.

In der nun kommenden Epoche der prinzipiellen Offenheit geht das nicht mehr, und deshalb beobachten wir hier eine wichtige Verlagerung:

von den Psycho-Defiziten zu den Erfindungs-Defiziten.

Lassen Sie mich das ein wenig konkretisieren. Es ist nun keineswegs so, daß in der neuen, telematischen Epoche der Offenheit kein Mensch mehr psychologische Defizite hat. Nein, das wird es immer geben, allein schon durch Erziehung und falsche frühkindliche Prägungen. Die Macken bleiben also immer die alten.

Aber diese Defizite wandern sozusagen ins zweite Glied, sie verlieren ihre bisherige Dominanz. Denn in einer telematischen Kultur der Offenheit gibt es zwei neue Dimensionen, die für die Menschen viel wichtiger werden, nämlich

- **Selbst-Erfindung**
- **Bewußtseins-Erfindung**

Diese Dimensionen sind durch die Veränderungen im Gehirn entstanden, von denen so viele Forschungen ziemlich übereinstimmend berichten.

Nun ist es aber so, daß diese beiden Dimensionen in sich selbst nie zur Ruhe kommen. Man muß sich das so vorstellen, daß eine Gesellschaft, die auf Autopoiese und Erfindung umprogrammiert wurde, permanent in Bewegung ist, also nie ankommt:

> **Man muß immer mehr erfinden, obwohl man schon so viel erfindet.**

Deshalb gibt es immer Erfindungs-Defizite, ja, man kann sagen: Je mehr prinzipielle Zukunfts-Offenheit eine Gesellschaft aufweist, um so intensiver und schmerzlicher erlebt sie ihre Orientierungs-Defizite. Und je mehr Orientierungs-Defizite erlebt werden, um so mehr *Interesse an Evolution* entsteht. Evolution wird zum kollektiven Ziel.

Deshalb haben die jüngeren Konsumenten so viel aktives und waches Interesse an Zeitgeist-Moden, Orientierungs-Moden und co-evolutionären Prozessen, *die in den Szenen laufen.*

Für uns bedeutet das:

> **Der neue Verkäufer wird in die Eigendynamik der Erfindungen einsteigen müssen, statt psychologische Defizite zu verstärken.**

Deshalb sind die Erfindungs-Dimensionen jetzt plötzlich die neuen Chancen für den Verkäufer, getreu dem Gesetz:

> **Co-Evolution verlangt von dem, der verkaufen will, den Einstieg in die Selbst-Dynamik des Erfindens.**

94

Ja, und damit rückt das System des Verkaufens ebenfalls zur Offenheit hin, also zur fließenden Leading Edge . . . dort, wo sich die vielen Orientierungs-Moden und evolutionären Inszenierungen treffen und wechselseitig beeinflussen. Man kann in diesem Sinne sagen:

Das befreite Verkaufen wird erst dann erfolgreich sein, wenn es sich als Zukunfts-Produktion versteht.

Es geht also um Zukunfts-Orientierungen. Aber Orientierung heißt nicht etwa, daß der Verkäufer irgend etwas behauptet. Mit Behauptungen kommt man nicht weiter in dieser telematischen Situation der Offenheit. Man hat nur dann als Verkäufer Erfolg, wenn man sich *teilnehmend und stimulativ* integrieren kann in die ohnehin laufenden Prozesse der Selbst-Erfindung oder der Bewußtseins-Erfindung. Also:

Integrieren statt behaupten.

Und dieses Integrieren, genau darum geht es beim Symbiotic Selling. Das ist angewandte Co-Evolution. Das ist also ein Prozeß, bei dem beide Beteiligten – also der Verkäufer ebenso wie der Kunde – in ihr persönliches offenes Werden hineinwandern.

Hier gibt es *keine vorgestanzten Verkaufs-Floskeln.* Hier gibt es keine immer funktionierenden Argumentations-Tricks. Hier gibt es auch keine taktische Inszenierung des Auftritts. Genau diese Techniken, die in den meisten Verkaufs-Büchern so warm empfohlen werden, erzeugen nämlich nichts anderes als *eine Art Überfall auf den Kunden.* Und in einer Konstellation, in der sich Co-Evolution einerseits und Erfindungs-Dynamik andererseits verbinden, gilt:

- **Das perfekt vorprogrammierte Verkaufen wirkt wie ein unfairer Überfall auf den Kunden.**

- **Jede indirekte oder direkte Erwartung, die der Verkäufer aufbaut, wirkt wie ein halber Befehl.**

Die Kombination von Erfindungs-Dynamik und Co-Evolution ist prinzipiell neu für das Verkaufen, also genauso neu wie die gesellschaftliche und kulturelle Situation, in die wir alle jetzt hineinwandern. Und wer diese beiden Aspekte, die sich ja immer mehr miteinander vermaschen, instrumentell in den Griff bekommen will, der gelangt zum *Handlungs-Konzept der Symbiose.* Und somit kann man formulieren:

> **Symbiotic Selling ... besser verkaufen durch spontane Zukünfte innerhalb mentaler Partnerschaften.**

O je, das ist natürlich weit entfernt von dem gut eingespielten taktischen Apparat, den die meisten Verkäufer-Trainings anbieten. Aber trotzdem weiß ich, daß diejenigen, die wirklich überdurchschnittlich verkaufen können – und ich habe einige analysieren und im Alltag beobachten können –, im Grunde immer schon *heimliche Meister der Symbiose* waren.

Diese Verlagerung vom Nutzen-Verkaufen zur mentalen Partnerschaft ist im Grunde der Sprung auf eine höhere Komplexitäts-Stufe. Das sagen ja bereits die Begriffe: Beim Nutzen-Verkauf handelt es sich immer noch um ein ziemlich konkretes und lineares Verkaufen. Bei den mentalen Partnerschaften dagegen wird das Verkaufen eingehüllt in das höhere Konzept der Symbiose. Das ist wie bei der Puppe in der Puppe ..., die Symbiose ist die größere Puppe, die das lineare Verkaufen nunmehr in sich aufnimmt.

Der befreite Verkäufer erklärt nicht mehr den Nutzen des Produkts, sondern entwickelt eine spontane Partnerschaft.

96

Auch das ist wieder ein typischer »Effekt der 3. Art«. Das Verkaufs-Ergebnis wird immer mehr zum indirekten Ergebnis, weil man es nicht mehr direkt angeht und damit strategisch instrumentalisiert. Nun, welche generellen Konsequenzen zieht das nach sich?

1. **Der neue Verkäufer wird immer weniger zum Interpreten von Hardware. Es wird zu einer deutlichen Erosion aller Nutzen-Strategien kommen.**

2. **Viele Motivations-Techniken werden langsam aus dem Instrumentarium der Manipulation verschwinden, weil man nicht mehr mit Psycho-Defiziten arbeitet, sondern mit Erfindungs-Defiziten.**

   Wenn man per Erfindungs-Defizit manipulieren will, dann kann das immer nur als Co-Manipulation vollzogen werden.

3. **Alle Techniken der Penetration, also der argumentativen Verdichtung durch Wiederholungen, werden immer unbrauchbarer, weil sie keine verlaufs-offene Kommunikation ermöglichen.**

   Auch alle Stufen-Modelle des Verkaufs, z. B. die AIDA-Formel (A = Attention / I = Interest / D = Desire / A = Action), werden als Instrument immer stumpfer, weil an der Leading Edge, also dort, wo die neuen Erfindungen geboren werden, ausschließlich Spontaneität vorherrscht und nicht Mechanistik.

4. **Alle taktischen Programmierungen des Verkaufs-Gesprächs werden immer häufiger zu Eigentoren führen, so z. B. das, was die meisten Autoren und Trainer empfehlen, nämlich das minutiöse Vorbereiten aller Inhalte, Formulierungen und Argumentations-Taktiken.**

Durch diese Super-Präparation stirbt genau das, was die Essenz von Co-Evolution ist, nämlich spontane Partnerschaft. Anders ausgedrückt:

> In der kommenden, telematischen Epoche wird das normale Verkaufen wie ein brutales Hard Selling erlebt werden.

5. Beim Konzept des symbiotischen Verkaufens wird man immer weniger den konkreten Bedarf oder den vermeintlichen Bedarf des Kunden in den Mittelpunkt stellen, weil es inzwischen eine Art Meta-Bedarf gibt, der in der mentalen Wirklichkeit der Konsumenten viel wichtiger geworden ist:

Der Bedarf an neuen Orientierungen. Der Bedarf an neuen persönlichen Zukünften. Das bedeutet: Nur die Vergangenheit kann strukturiert werden. Die möglichen Zukünfte fließen.

> Verkaufen ist organisiertes Fließen von Geist.

Die Befreiung des Verkäufers von der Strategie.

Symbiotic Selling befreit aus dieser Sicht den Verkäufer von der kalten Strategie, die sich nach meinen Beobachtungen in den letzten Jahren immer mehr in das Feld des Verkaufens hinein entwickelt hat. Seit der *Dominanz des Product Managements* in den Unternehmen hat es vielfältige Versuche gegeben, den Verkauf strategisch aufzufassen und ihn auch strategisch zu führen.

Nach meinem Beobachten führt das zu einem ungeheuren Dilemma, das ich kurz beschreiben möchte:

1. Wenn man das Verkaufen strategisch programmiert, zerstört man die innere *humane Basis des Verkaufens* ebenso

wie die inhärente Spontaneität des Verkaufs-Prozesses selbst. Man torpediert also durch eine höhere Planungs-Intelligenz (Strategie genannt) die situative Eigen-Intelligenz des Verkaufs-Prozesses und des Verkäufers. Man zerstört das »Fließen von Geist«.

2. In der Regel muß der Verkäufer trotz der aufgepfropften Strategien gut verkaufen. Und so greift er in seiner Not wieder zurück auf die eigentlichen und *heimlichen Attraktoren* des Verkaufens, also z.B. auf Beziehungs-Pflege, Spontaneität etc. Er verkauft besser, indem er »schummelt«: Er zwängt die eigentlich spontanen Attraktoren in das vorgegebene Feld der Strategie hinein.

3. Nach meinen Beobachtungen reagiert dann die strategische Instanz (z.B. die zentrale Vertriebs-Planung) mit einer Intensivierung des Feedbacks, also mit *Controlling*. Das geht z.T. bis zum Verhaltens-Controlling, was ja nichts anderes ist als der erste Schritt zur Bespitzelung:

So entsteht der unmündige Verkäufer.

Um es hier ganz deutlich zu sagen: Man kann den Akt des Verkaufens nicht strategisch programmieren. Man kann – wie Rasabeth Moss Kanter von der Harvard University einmal geschrieben hat – lediglich *generelle Orientierungs-Foki* vorgeben. Der Rest muß offen bleiben für die Zukünfte, die durch das Fließen eines gemeinsamen Geistes entstehen:

Der Verkäufer muß frei bleiben für das Gemeinsame!

Wenn die Gesellschaft immer mehr in die Telematik hineingeht, dann produziert sie durch Multiplizität immer mehr Offenheit. Und dieses ist ja nicht nur in der Kultur zu beobachten, sondern ganz prall und ganz konkret auch bei den Konsumenten und Kunden:

Konsumenten und Kunden sind längst Agenten der neuen Offenheit.

Und wenn man diese Offenheit ernst nimmt, wenn man sie also im positiven Sinne des Wortes bedienen möchte (und so was nennt man ja schließlich Marketing), dann muß man das moderne Verkaufen auffassen als einen

Prozeß zur Herstellung von Gemeinsamkeit durch Offenheit.

Die vielen Verkäufer, die ich kennengelernt habe, wissen intuitiv um diese Konstellation. Und die »begnadeten« Verkäufer (so scheint man die Stars ja zu nennen) konnten mir ganz genau erklären, warum die Formel stimmt:

Je mehr Offenheit in der Kultur . . ., um so mehr Freiheit für den Verkäufer.

Deshalb ist es wichtig, daß jetzt nicht die falschen Weichenstellungen vollzogen werden. Das Verkaufen wird mit hoher Wahrscheinlichkeit in Zukunft frustrierender und schwieriger. Die telematische Dynamik zerstört ja *die Gier nach Hardware* (Materie) und schiebt die Psycho-Defizite ins zweite Glied und reduziert somit die Möglichkeiten, mit Taktik und Penetration erfolgreich zu verkaufen. Kurz:

Der telematische Konsument macht das Verkaufen immer schwieriger, weil er nur noch eine verlaufsoffene Dynamik anerkennen kann.

Wenn nun das Verkaufen in diesem Sinne immer situativer, immer sprunghafter (unkalkulierbarer) und spontaner wird, dann liegt es nahe, sozusagen auf »mehr Strategie« zu setzen, also auf mehr Vorplanungs-Intelligenz. Aber genau das ist falsch.

Und genauso falsch ist das, was in vielen Verkaufs-Büchern jetzt empfohlen wird: die angebliche Qualifizierung des Verkäufers durch vorgefertigte Checklisten, Regeln, Standard-Taktiken und Verhaltens-Programme.

Was wir in der telematischen Situation brauchen, ist folgendes:

1. Wir können die Arbeit des Verkäufers leichter machen, indem wir in den Produkten und Marken *mehr Mythen-Kraft* aufbauen, sie also kollektiv-energetisch aufladen ... sie magischer machen (siehe hierzu mein Buch: »Die fraktale Marke«, Düsseldorf 1994).

2. Wir können neue Netzwerk-Systeme entwickeln, also Szenen-Netzwerke und Dialog-Netzwerke. Das ist eine Vor-Investition für den späteren Verkauf:

> Statt den Verkauf durch Strategie zu strangulieren, sollte man die Arbeit der Verkäufer fördern durch ein umfangreiches intelligentes Networking.

3. Was den Verkäufer selbst betrifft, so komme ich wieder auf die sechs Attraktoren zurück, also Absichtslosigkeit, Zukunfts-Reichtum, stimulative Sprache, Liebes-Charisma, Glücks-Energie und Inklusions-Codierungen. Und wenn man dem Verkäufer hier helfen will, dann sollte man ihm *innerhalb der Attraktoren helfen,* also nicht die Attraktoren vernebeln durch Verhaltens-Training strategischer Art.

Wie gesagt, gute Verkäufer sind sozio-emotionale Spezialisten für spontane Beziehungen. Und wenn jetzt der generelle

Trend immer mehr in Richtung *Vernetzung und Interfusion* geht, wenn also ohnehin alles immer mehr auf die neue Formel »Evolution + Kooperation« hinausläuft, dann schlägt jetzt die Stunde des befreiten Verkäufers:

> **Die natürliche Aufgabe des Verkäufers ist die Interfusion.**

Also wird der Verkäufer wieder viel wichtiger werden. Natürlich werden wir dabei nicht zurückfallen in die Phase, in der der Verkauf das gesamte Markt- Management einseitig dominierte. Das war die Phase, die in etwas bis zum Ende der fünfziger Jahre vorherrschte. Damals galt:

> **Man muß das verkaufen, was produziert worden ist.**

In der nächsten Etappe, beginnend gegen Ende der fünfziger Jahre, wurde der Verkauf unwichtiger für die Firmen, weil dann das Marketing begann, entsprechend dem Credo:

> **Man darf nur noch das produzieren, was verkaufbar ist.**

Von da an lief das Spiel andersherum. Und das war auch richtig so. Die große Gefahr, die aber jetzt auf uns zukommt, jetzt, wo sich die telematische Dynamik entfaltet, ist die, daß das Marketing sich selbst nicht ablösen kann.

Um es unmißverständlich zu sagen: In der telematischen Gesellschaft gibt es den klar strukturierten Bedarf nicht mehr, also kann man den Verkauf auch *nicht mehr über Bedarfs-Strategien* strategisch steuern wollen.

Was sich an die Stelle des fest strukturierten Bedarfs stellt, sind *fluktuative Moden* aus der Welt 3, also der Welt der Ideen und der evolutionären Diskurse. Damit stellt sich nun die Frage:

Welche Beziehungs-Systeme müssen wir aufbauen, um mit den fluktuierenden Zukunfts-Moden mitgehen zu können?

Und die Antwort könnte lauten: Interfusion wird Marketing ablösen. Denn Interfusion bedeutet die Verschmelzung mit evolutionären Prozessen. Und es gibt nun wiederum viele Instrumente, die diese Verschmelzung organisieren und gewährleisten. Wenn man diese Techniken auf eine Formel bringen will, dann ergibt sich:

Interfusion arbeitet mit Beziehungs-Systemen und Dialog-Netzwerken.

Die neue Zukunft des Verkäufers liegt in dem Gestalten und Pflegen von Beziehungen per Zukunfts-Partnerschaft.

Die jetzt kommende Phase des evolutionären Markt-Managements kennt also eigentlich keine dominierende Formel mehr. Das Marketing wird an Macht verlieren, so wie der Verkauf in den sechziger Jahren zurückgedrängt worden ist. Und diese beiden Sub-Systeme werden auf einer neuen Ebene zugunsten der Interfusion wieder zusammenarbeiten müssen. Und die Rolle des Verkäufers wird die des Herstellers von mentalen Partnerschaften sein . . . *denn er ist der natürliche Spezialist für Symbiosen.*

Seine Kommunikation kann nur erfolgreich sein, wenn sie Beziehungs-Kommunikation ist. Seine Beziehungs-Kommunikation wiederum kann nur erfolgreich sein, wenn sie telematisch wird:

Der befreite Verkäufer organisiert spontane Beziehungs-Kommunikation zur gemeinsamen Herstellung derjenigen Zükünfte, die alle Beteiligten verpflichten.

Nichts verpflichtet unbewußt Menschen so stark wie eine Zukunft, die ganz frisch da ist, also eine neue Erfindung, an die man gerade intensiv glauben kann. Das ist ja das Kennzeichen der Leading Edge, also die Identitäts-Zone einer telematischen Kultur:

> **Die Menschen interessieren sich immer stärker für die Zukünfte ihres Lebens und für die aktuelle Umgestaltung ihres Ichs.**

Das sagt nicht, daß die Produkte unwichtig werden, nein, es schiebt den Produkten nur eine ganz neue Rolle zu. Sie werden sozusagen das »materielle Gefäß« für immaterielle Prozesse des Erfindens. Und das Immaterielle ist die erfundene Zukunft. Deshalb gilt als Leit-Idee für das symbiotische Verkaufen:

> **Der Verkäufer der Zukunft verkauft über die Zukunft.**

> **Er verkauft die Produkte über diejenigen Zukünfte, die er gemeinsam mit den Kunden herstellt.**

In diesem Sinne ist es tatsächlich ein völlig neues Verkaufen. Es ist ein Verkaufen durch praktizierte Co-Evolution. Und der Prozeß der Co-Evolution verläuft über das Instrument des Erfindens. Terry Winograd & Fernando Flores (»Erkenntnis Maschinen Verstehen«, Berlin 1989) beschreiben diesen Akt als *eine indirekte Magie.* Vielleicht liegt hier auch das Geheimnis der Spitzenverkäufer mit ihrer überlegenen Kompetenz:

> **Sie können Magie einsetzen für das Gemeinsame.**

Die Magie, um die es hier geht, entsteht durch eine spannungsreiche Mixtur aus Botschaften, Forderungen und Versprechungen. Und wenn es dem Verkäufer gelingt, diese drei Faktoren, also

- **Botschaft**
- **Forderung**
- **Versprechen**

auf einen laufenden *evolutionären Prozeß zu codieren*, z. B. auf die Verbesserung der Ich-Identität oder auf die Verbesserung der zukünftigen persönlichen Welt, dann entsteht ein ungeheurer Zauber der Faszination. Und Neuroforscher wie Francisco Varela haben in diesem Zusammenhang immer wieder betont, daß es dadurch zu einer extrem

dynamischen Selbst-Referenz

kommt. Der Volksmund sagt dazu: Man hat jemandem einen Floh ins Ohr gesetzt. Genau das ist die *Zukunfts-Magie*, die in diesen selbstreferentiellen Prozessen steckt.

Um es noch deutlicher zu sagen: Die meisten Waren sind heutzutage so selbstverständlich, daß sie von sich aus nicht mehr die Kraft haben, die Spannung zwischen ihrer Botschaft einerseits und den Versprechungen andererseits herzustellen. Wenn dann der Verkäufer mit dem dritten Faktor operiert, nämlich Forderung, dann bringt er eine Forderung ein, die in einem spannungslosen Feld versackt.

Es muß also darum gehen, zwischen der Botschaft des Produktes und den Versprechungen einer unbekannten, aber möglichen Zukunft eine extreme Energie aufzubauen, ein hohes Maß an *Edge-Vibration*. Und um das herzustellen, benutzt man das, was ich den neuen Bedarf der Konsumenten genannt habe, nämlich das permanent drängende Suchen der Konsumenten nach neuen Welten und neuen Identitäten. Man verkauft über eventuelle Möglichkeiten.

Man steigt also ein in den persönlichen autopoietischen Prozeß der Menschen. Und dadurch entsteht ein *dynamisches Fern-Versprechen*, das für einen langen Zeitraum in der Selbstreferenz des Mind bleibt. Das ist der »magische Floh«. Das ist das Spannungsfeld, das man durch Symbiotic Selling aufbaut. Oder anders ausgedrückt:

DAS WESEN DER SYMBIOSE

Die Kunden benutzen das Verkaufsgespräch, um ihre Identität in ihrer Welt herzustellen.

Die Kunden benutzen den Verkäufer, um die Anzahl ihrer zukünftigen Welten zu vergrößern.

Genau das ist Co-Evolution, wie es Kenneth J. Gergen beschrieben hat: Aus der Sicht der Konsumenten ist das eine synreferentielle Dynamik, definiert durch *das gemeinsame Werden,* das durch das Zusammenwirken paralleler Prozesse entsteht. Die Konsumenten benutzen die neuen Ideen, die der Verkäufer im Gespräch einbringt, um ihre *Mikro-Evolution gestalten zu können.* Das ist Co-Evolution.

Natürlich klingt so ein Wort wie »Co-Evolution« grausam abstrakt, aber ich glaube, es ist hier trotzdem deutlich geworden, wie das funktioniert:

- Es ist die Aufgabe des Verkäufers, zwischen ihm als Repräsentanten des Produktes und dem Kunden eine *strukturelle Kopplung* herzustellen.

- Wie er das macht, ist völlig egal. Je weniger Regeln und Taktiken er anwendet, um so mehr können die eigentlichen Attraktoren die *Zwischenmenschlichkeit herstellen.*

- Gelebte Persönlichkeit ist das Instrument für strukturelle Kopplung.

- Wenn die strukturelle Kopplung aufgebaut ist, betreten Kunde und Verkäufer einen *»Raum ohne Gesetze«,* denn jetzt gibt es nur noch spontane Syn-Referentialität. Und dabei hat jedes System (also Verkäufer oder Kunde) eine eigene Zeit, eine eigene Dynamik, eine eigene Struktur, eine eigene Innen-Organisation und auch eine eigene Autopoiese. All das bringt jeder Beteiligte in diese syn-referentielle Dynamik ein.

- Der kluge oder – besser gesagt – der weise Verkäufer verzichtet dabei auf *Intentionalität und Cleverneß*, d. h. konkret, er bringt von seiner Eigen-Dynamik sowenig wie möglich ein. Er bringt dagegen bewußt seine *Absichtslosigkeit* ein.

- Damit gibt er den Eigen-Dynamiken des Kunden einen offenen Horizont, also ein Maximum an Freiheit. Er programmiert damit sein Gegenüber, also den Kunden, auf dessen *persönliche Evolution*. Er hilft ihm, sich zur unbekannten Zukunft zu öffnen.

- Damit wird der Verkäufer in eine völlig neue Rolle hineingetragen:

Er wird zum Medium für die Mikro-Evolution des Kunden.

- Ein zirkulärer Prozeß beginnt, der nur dann wirklich fruchtbar wird, wenn der Verkäufer möglichst auf jede lineare Manipulation verzichtet. Und an die Stelle der üblichen Manipulations-Taktiken setzt er ganz bewußt Optionen, also versuchsweise Zukünfte . . ., also den Attraktor *»Zukunfts-Reichtum«*.

- Neuro-physiologisch organisiert sich hier eine Mischung aus Schließung, d. h. ein konsensueller Bereich, und einer *positiven Verletzung*, die man in der neuen System-Theorie *»Perturbation«* nennt.

- Anders ausgedrückt: Je intensiver der zirkuläre Prozeß läuft, um so mehr positive Verletzungen können vom Verkäufer eingebracht werden, also diejenigen Unstimmigkeiten, die aus der Zukunft kommen und die die meisten Menschen als Brüche und Mini-Krisen erleben.

- Es sind aber gerade diese Perturbationen, die die gewünschte magische Spannung aufbauen, die also zum »Floh im Ohr« werden.

- Es gilt dabei folgendes Gesetz: Je besser der konsensuelle Bereich ist, je besser also die syn-referentielle Dynamik funktioniert hat, desto intensiver können die Perturbationen wirken.

Etwas verkürzt gesagt: Je mehr Sympathie ausgetauscht wird, um so mehr Verletzung darf sein . . ., Verletzung, die nicht wirklich verletzt, sondern die den Mind des Kunden permanent beschäftigt . . ., magisch beschäftigt.

- Aus dieser Sicht ist die Magie, die der Verkäufer herstellt und in den Kopf des Kunden transferiert, nichts anderes als eine Grenz-Überschreitung des Kunden, in Watte gepackt durch Konsens, stimuliert und provoziert durch den Verkäufer:

Die Magie entsteht durch Liebe, die verletzt.

- Damit wird es zur Aufgabe des Verkäufers, in der syn-referentiellen Dynamik diejenige Zukunft optional anzubieten, die die Qualität hat, eine »*anschlußfähige Andersartigkeit*« (Boos) zu werden.

- Wenn der Verkäufer diese »anschlußfähige Andersartigkeit« finden will, benötigt er eine *spezielle mentale Fitneß*, um in diese Co-Manipulation einzusteigen. Er muß sich nämlich zuerst permanent vom Kunden manipulieren lassen, um das Feld zu finden, in dem die »anschlußfähige Andersartigkeit« wartet.

- In diesem Sinne ist das Symbiotic Selling ein situativer und spontaner Lernprozeß, durchgeführt vom Verkäufer ebenso wie vom Käufer,

ein Lernprozeß zur Herstellung eines neuen Werdens, das ein gemeinsames ist.

Das ist in skizzenhafter Form der Prozeß von Symbiotic Selling. Und man sieht schon, daß es hier kein Schema gibt, keine Ablauf-Stufen, keine verbindliche Strategie, sondern im Grunde nur das freie Einsetzen von Attraktoren:

DAS ZUSAMMENSPIEL DER SYMBIOTISCHEN ATTRAKTOREN

A. Die Attraktoren Liebes-Charisma, Glücks-Energie und Inklusions-Codierung erzeugen den konsensuellen Effekt und steuern kontinuierlich die gemeinsame Dynamik (Syn-Referenz).

B. Die Attraktoren der Absichtslosigkeit, des Zukunfts-Reichtums und der stimulativen Sprachführung bilden die Basis für die Magie, also für das Einbringen einer anschlußfähigen Andersartigkeit (Perturbation).

Die folgende Übersicht zeigt noch einmal diese Zusammenhänge:

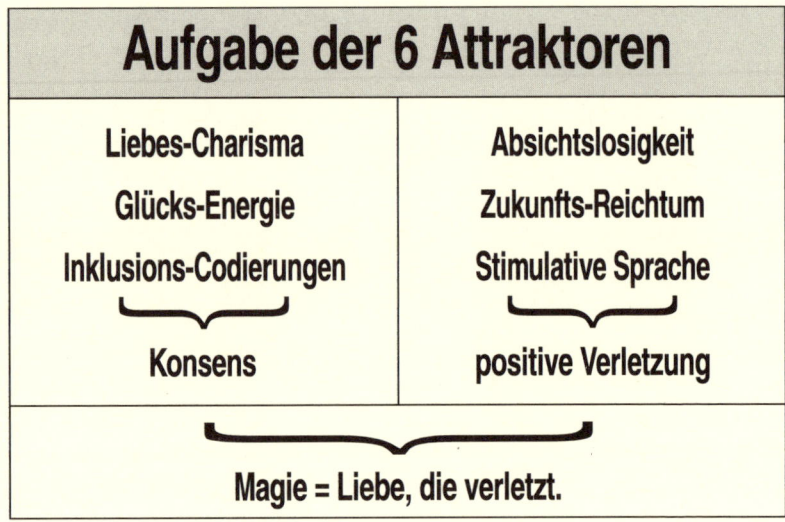

Aufgabe der 6 Attraktoren

Liebes-Charisma	Absichtslosigkeit
Glücks-Energie	Zukunfts-Reichtum
Inklusions-Codierungen	Stimulative Sprache
Konsens	positive Verletzung

Magie = Liebe, die verletzt.

Im Grunde operiert der symbiotische Verkäufer mit einem Arsenal »seltsamer Schleifen« (Hoffstatter). Er erzeugt also durch Attraktoren überwiegend Effekte der 3. Art, die weder kausal noch final programmierbar oder planbar sind. Wenn es stimmt, was Maturana immer wieder betont hat,

daß die Welt durch Sprech-Akte entsteht,

dann entstehen die Ich-Identität und die persönliche Welt der Konsumenten und Kunden durch eine permanente Produktion von *Zukünften, die gemeinsam besprochen werden.* Und in diesem Sinne steht jeder Mensch in einem autopoietischen Prozeß, in dem er immer wieder – und zwar in jeder Sekunde und nicht nur ab und zu – damit beschäftigt ist, seine Wirklichkeiten zu erfinden. Realität ist Erfinden im Dauer-Prozeß.

Was sind die Konsequenzen daraus? In der alten Theorie des Verkaufs hatte man bereits Erfolg, wenn man eine gute Produkt-Qualität mit einem attraktiven Preis versehen konnte. Die Aufgabe des Verkäufers lag überwiegend im Transport dieses Benefits. Er war der Bekanntmacher dieses Vorteils.

In der neuen, autopoietischen Theorie des Verkaufens ist Qualität eine sehr relative Größe. Sie wird *abhängig von der Welt des Augenblicks.* Und auch der Preis ist in hohem Maße plötzlich relativ. Preiswürdigkeit ist ebenfalls ein spontan-subjektives Konstrukt. Und all diese Erfindungen sind subjektiver und singulärer Natur und entstehen durch Sprech-Akte.

> **Jeder Mensch konstruiert in jeder Sekunde eine neue, aktuelle Welt, in die der Verkäufer durch Symbiosen einsteigen kann.**

Deshalb ist die Rolle des symbiotischen Verkäufers darauf ausgerichtet, in diese permanent stattfindende Selbst-Herstellung von Welt und Identität einzusteigen.

Deshalb versagt das klassische Verkaufen immer mehr. Denn es geht nicht mehr um Aufklärung, weder um die Aufklärung von Produkt-Funktion noch um die Erklärung von Produkt-Nutzen. Es geht um die Integration des Produktes in die Prozesse der Selbst-Herstellung von Welt und Identität. Das symbiotische Verkaufen versteht sich deshalb als

Hilfe für neue Zukünfte.

Eine von MMS Consulting durchgeführte Alignement-Studie zum Thema »Verkäufer«, durchgeführt bei sechzig führenden Unternehmen, bestätigt diese neue Lage. Denn ein zentrales Ergebnis dieser Studie belegt:

Die Selbst-Interpretation der Ware klappt nicht mehr.

Wir stehen alle in einem Nebel der Orientierungen. Das ist der Preis für die Freiheit, die wir durch die Multiplizität für uns herstellen. Wir leben und handeln im Rahmen einer Pluralisierung der Wirklichkeiten.

Das ist das Ergebnis der elektronischen Revolution, also der Telematik. Wir müssen fertig werden mit der Sprunghaftigkeit der Werte. Das ist das Ergebnis des kinetischen Wertewandels, den unsere Kultur in den achtziger Jahren vollzogen hat (siehe hierzu ausführlich mein Buch »Manager . . . die Helden des Chaos« (Düsseldorf 1992, Seite 137 ff.).

Das ist die konkrete Lage, die dazu geführt hat, daß die Selbst-Interpretation der Ware immer kraftloser und stockender wird. Und die Inszenierung und Interpretation der Ware braucht nunmehr einen anderen Typus von Verkäufer, einen Verkäufer, der intuitiv begreift, *daß die Welt durch Sprech-Akte hergestellt wird*, einen Verkäufer, der fähig ist,

sich in die Autopoiese der Menschen zu integrieren.

Dementsprechend darf der befreite Verkäufer nicht so nah an der Materie und an der Ware dran sein, wie das die Strategen des Marketings fordern. Er vermittelt keine fertigen Abbilder, also das Sein, sondern er *stimuliert Einbildungen,* denn nur Einbildungen (Virtualitäten) steuern den autopoietischen Prozeß.

Die MMS-Studie hat auch sehr konkret aufgezeigt, daß viele Verkaufsleiter und Vertriebs-Strategen ihre Leute in die falsche Richtung programmiert haben. Sie haben aus Verkäufern kleine Strategen gemacht . . ., *Strategen der Produkt-Deklaration.* Und genau das ist in der Studie als großes Problem erkannt worden.

Im einzelnen sind es drei Aspekte, die in dieser Studie die verhängnisvolle Fehlprogrammierung belegen:

1. *Schlecht geführte Verkäufer weisen eine mangelnde Sensi-bilität auf.*

Hier fehlt das, was die Psychologen Expanded Self nen-nen, also die Fähigkeit, im konkreten Verkaufsgespräch den Attraktor »Absichtslosigkeit« aufbauen und einsetzen zu können. Es fehlt die spezielle Intensität, die entsteht, wenn Absichtslosigkeit die Sprech-Akte lenkt. Diese Intensität erlebt der Kunde als Sensibilität. Die von der MMS-Studie erkannte »fehlende Sensibilität« ist also keine Weichlichkeit oder Kraftlosigkeit. Im Gegenteil: *Es ist die Kraft der absichtslosen Kommunikation.*

Sensibilität kann man aber nicht erzielen durch Floskeln wie »Lernen Sie, besser zuzuhören«:

Sensibilität ist das Ergebnis einer Ich-Transparenz ... also praktizierte Absichtslosigkeit.

2. *Schlecht geführte Verkäufer betreiben ein durchgehend aggressives Verkaufen.*

Sie sind also nicht in der Lage, Co-Manipulation zu betrei-ben, weil sie einseitig und linear darauf programmiert sind, Manipulation zu betreiben. Es fehlen also die Attraktoren »Zukunfts-Reichtum« und »Stimulative Sprachführung«.

Wenn Verkäufer so programmiert sind, sind sie unfähig, in die Mikro-Evolution der Kunden hineinzukommen. Sie haben dann im Grunde nur noch eine Chance, wenn der Kunde von sich aus ein aktives und gerichtetes (volitiona-les) Interesse aufgebaut hat. Etwas überspitzt gesagt:

Der schlechte Verkäufer ist nur dann wirklich erfolgreich, wenn der Käufer sich selbst zum Verkäufer macht.

3. *Schlecht geführte Verkäufer bauen eine zu geringe Antizipation für Kommendes auf.*

Sie sind also nicht in der Lage, den Verkaufs-Prozeß als einen Prozeß der »Mind-Formung« zu verstehen. Sie werden deshalb nicht zum *Partner für neue Wirklichkeiten* und erfundene Identitäten. Hier fehlt es wiederum an dem Attraktor »Zukunfts-Reichtum« ebenso wie an den Attraktoren »Liebes-Charisma«, »Glücks-Energie« und »Inklusions-Codierung«.

Vielleicht versteht man an dieser Stelle, weshalb ich so intensiv dafür plädiere, daß die Verkäufer ein *permanentes Zeitgeist-Monitoring* als Input bekommen sollten. Sie müssen alles um sie herum, also alles, was sich evolutionär in unserer Gesellschaft bewegt, kennenlernen und lieben können. Nur so können sie Zukünfte verkaufen:

> **Nur durch neue Zukünfte wird man zum Partner des Kunden.**

Soweit einige Ergebnisse der MMS-Studie. Und man sieht recht deutlich, daß das Verkaufen schon heute nicht mehr so gut funktioniert, wie es viele Verkaufsleiter behaupten und Markt-Strategen gern hätten. Das, was ich als Umfeld-Veränderung so ausführlich beschrieben habe, wirkt nämlich heute schon auf die Konsumenten und Käufer ein.

Und wenn schon heute sichtbar wird, daß ein Großteil der Verkäufer mangelnde Sensibilität aufweist, zu linear-aggressiv verkauft und *zuwenig Antizipation* für Kommendes aufbauen kann, dann erkennt man auch ganz grundsätzlich, wohin uns diese Probleme in den nächsten Jahren führen werden:

DIE NEUEN PROGRAMME DES SYMBIOTISCHEN VERKAUFENS

1. Das Verkaufen verlagert sich von der Ware zum Geist.

2. Das Verkaufen verlagert sich von der Simplizität zur Komplexität.

3. Das Verkaufen verlagert sich von der Gegenwart zur Zukunft.

4. Das Verkaufen verlagert sich von den festen Identitäten zu den fluktuativen Identitäten.

Das symbiotische Verkaufen kann man somit beschreiben als eine Dienstleistung für Identitäts-Suche durch gemeinsame Zukunfts-Erfindung. Und das Schlimmste, was in Zukunft – sagen wir mal im Jahre 1999 – an der sogenannten Verkaufsfront passieren kann, wäre folgendes:

- Man verkauft mit einer glasklaren Strategie . . . ;

- realisiert durch Verkäufer mit hochgepuschter Motivation.

Warum ist das so problematisch oder gefährlich? Zuerst einmal muß man sehen, daß wir in einigen Jahren in fast allen Märkten noch mehr Multiplizität und damit eine historisch einzigartige Offenheit haben werden. Und das moderne Erregungs-Gehirn wird bei über 50 Prozent aller Menschen Normalität sein.

Und wenn in einer solchen Konstellation mit *glasklaren Strategien* gearbeitet wird, dann werden die Verkäufer gezwungen, auf Spontaneität und Offenheit zu verzichten. Dann zerstören die vor-geplanten Verkaufs-Strategien das, was wir

Expanded Self genannt haben. Damit löst sich aber einer der zentralen Attraktoren für das symbiotische Verkaufen auf, nämlich die Kraft der Absichtslosigkeit.

> Die Steuerung des Verkaufsgesprächs durch Strategien macht den Verkäufer zu einem geschlossenen System.

Schauen wir auf den zweiten Aspekt, auf die *hochgepuschte Motivation*. Das wird ja so gern mit Incentives gemacht. Ich habe sehr häufig solche Prozesse miterleben können. Da werden flammende Reden gehalten (Pep-Talks). Und darum werden riesige Belohnungen für die besten Verkäufer annonciert . . ., aber genau das wird in einigen Jahren ziemlich dysfunktional sein.

Nach einer Untersuchung von Rolf Bronner reduziert sich nämlich durch derartige *Motivations-Kitzeleien* die Fähigkeit der Verkäufer, in die Co-Evolution einzusteigen. Sie verlieren ihre mentale und emotionale Komplexität. Bronner dazu: »Es gibt eine starke Korrelation zwischen starker Motivation und geringer kognitiver Komplexität.«

Was heißt das? Je fokussierter und aufgeheizter die Motivation wird, um so enger und ärmer wird auch das emotionale und mentale Feld, das der Verkäufer gestalten und einbringen kann.

> Je mehr Wille, um so enger das Weltbild.
> Je enger das Weltbild, um so weniger Symbiose.

Bei den wirklich genialen Verkäufern passiert das im Grunde kaum, weil sie sich nicht wirklich durch Incentives usw. hochpuschen lassen. Sie haben ein darüberliegendes *eigenes Regelsystem für Selbst-Motivation:*

Sie kassieren die Prämien, aber verändern ihr Verhalten nicht durch Prämien.

Aber bei den durchschnittlichen und nicht so virtuos verkaufenden Verkäufern kann eine zu enge Motivation sehr, sehr problematisch werden. Man zerstört bei ihnen nämlich den Attraktor »Zukunfts-Reichtum«, und man nimmt ihnen den Attraktor der »stimulativen Sprachführung« weg:

Man macht normale Verkäufer durch hochgereizte Incentives schlechter, als sie sind.

Prüfen wir nun einmal die Gegenfrage, also: Was wäre im Jahre 1999 das beste für den Verkauf?

Nun, aus der hier vorgelegten Theorie des Symbiotic Selling sind es im Grunde nur zwei Aspekte:

1. **Aus angestrengten, harten Verkäufern werden menschliche Menschen mit Open Mind (Expanded Self).**

2. **Aus punkt-gerichteter, linearer Motivation wird die Kompetenz für die Schaffung von Zukunfts-Liebe (Komplexität).**

Also sind es zwei Fundamente, auf denen das Symbiotic Selling steht:

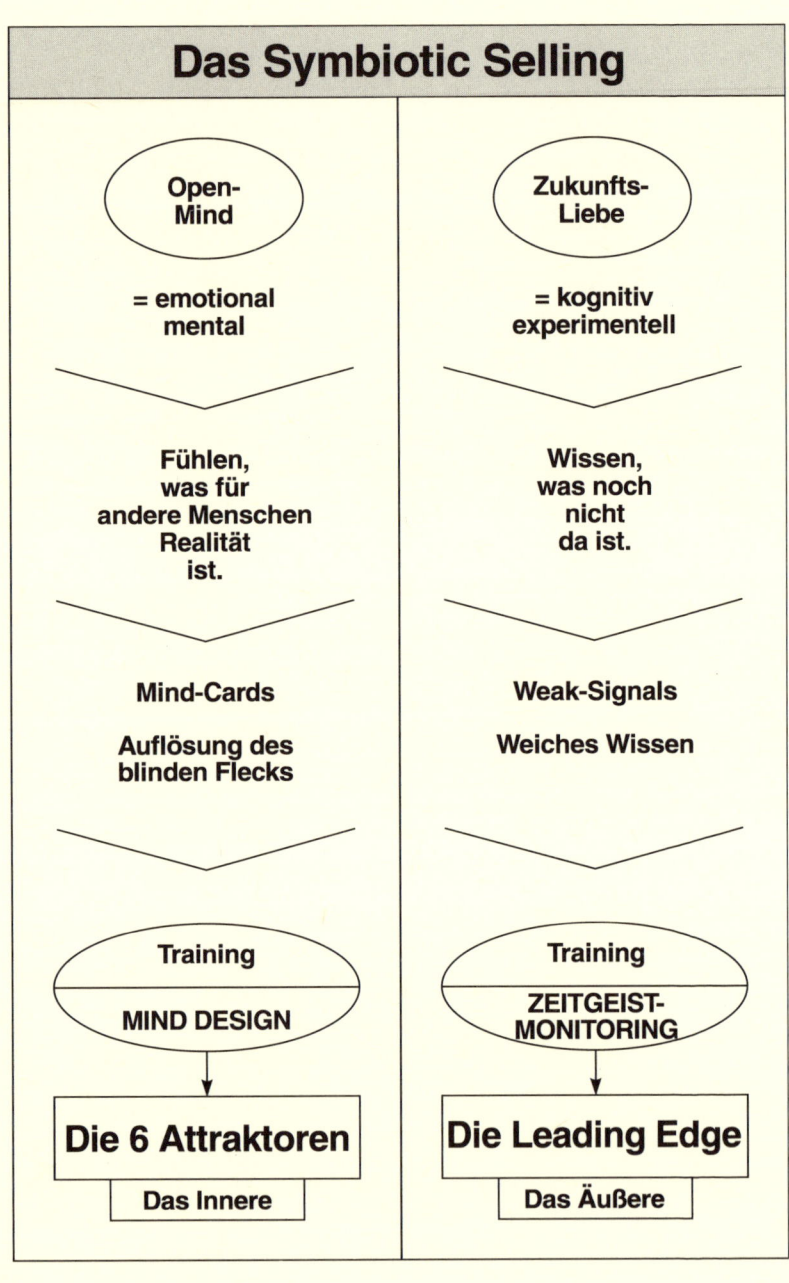

Das Symbiotic Selling

Open-Mind	Zukunfts-Liebe
= emotional mental	= kognitiv experimentell
Fühlen, was für andere Menschen Realität ist.	Wissen, was noch nicht da ist.
Mind-Cards Auflösung des blinden Flecks	Weak-Signals Weiches Wissen
Training MIND DESIGN	Training ZEITGEIST-MONITORING
Die 6 Attraktoren	**Die Leading Edge**
Das Innere	Das Äußere

Die Rolle des Open Mind.

Betrachten wir die einzelnen Dimensionen etwas genauer: Beim Open Mind handelt es sich um eine emotionale und mentale Dimension, die darauf ausgerichtet ist,

> **das fühlen zu können, was andere Menschen als aktuelle Realität erleben.**

Jeder Mensch konstruiert permanent seine Identität im Rahmen seiner Wirklichkeiten und baut dafür »Mind-Cards« auf, wie es der Nobelpreisträger Edelman nennt. Dementsprechend ist Open Mind die Fähigkeit des Verkäufers, sich eine *Mind-Card aufzubauen für das Erkennen von fremden Mind-Cards.* Anders ausgedrückt: Es geht um die Auflösung des blinden Flecks im eigenen Mind.

Wie kann man das trainieren? Und wie kann man diese Mind-Card aufbauen, die einen Verkäufer befähigt, besser, als es normale Menschen können, diejenigen Realitäten zu erfassen, die gerade im Kopf bei anderen Menschen entstehen? Das ist die Frage, die es in Zukunft zu beantworten gilt.

Die Rolle der Zukunfts-Liebe.

Wenden wir uns nun der zweiten Dimension zu, der Zukunfts-Liebe: Hier handelt es sich um eine eher kognitiv-experimentelle Dimension, darauf ausgerichtet,

> **dasjenige Wissen zu wissen, das noch nicht in der Welt da ist.**

Dementsprechend arbeitet der Verkäufer hier mit dem, was man in der Systemforschung »Weak Signals« nennt, also weiches und unscharfes Wissen, das aus den dynamischen Bewegungen an der Leading Edge stammt. Der befreite Verkäufer bietet seinem Kunden unbekannte Zukünfte an.

Wie wird das neue System trainiert?

Nun, wie qualifiziert man diese beiden Fundamente des symbiotischen Verkaufens? Wenden wir uns zuerst der *Zukunfts-Liebe* zu. Kann man das überhaupt schulen und trainieren? Ich meine ja. Gute Erfahrungen habe ich, wie schon gesagt, mit dem kontinuierlichen *Monitoring des Zeitgeistes*. Und ich habe bei einigen größeren Vertriebs-Organisationen immer festgestellt, daß die anwesenden Verkäufer ausgesprochen viel Heißhunger entwickelt haben, wenn es darum ging, gemeinsam den Zeitgeist dort abzuholen, wo er gerade entsteht.

> Ohne ein kontinuierliches Trend-Monitoring kann der Verkäufer keine Zukunfts-Partnerschaften aufbauen.

Logischerweise handelt es sich beim Monitoring um ein *kontinuierliches Programm*. Da gibt es kein Ende, weil da auch nichts fertig wird. Das Monitoring konzentriert sich ausschließlich und dauernd auf die Evolution, also auf das Äußere in unserer Kultur. Es ist der gleichmäßige Input der Leading Edge in das mentale System, das jeder Verkäufer darstellt. Wenn das systematisch organisiert werden kann, dann funktioniert das Training der Zukunfts-Liebe.

Lassen Sie uns nun auf *Open Mind* kommen, also auf das, was ich MIND DESIGN nenne ... die *Qualifizierung der sechs inneren Attraktoren* für das symbiotische Verkaufen.

Hier geht es darum, daß der Verkäufer eine Mind-Card in seinem Mind-System aufbaut, die ihn befähigt, fremde Mind-Cards zu sehen, also einzusteigen in die permanent stattfindenden Konstruktionen und Erfindungen, die Menschen durchführen, um immer wieder eine neue Identität und eine neue persönliche Welt aufzubauen.

Nun ist das Aufbauen einer Mind-Card nach meinen Erfahrungen etwas, was in erster Linie ein *gezieltes Programmieren des Gehirns* verlangt. Und damit wird wieder deutlich, was ich schon einmal angedeutet habe:

> **Das symbiotische Verkaufen verlangt einen Schwenk von der Psyche zum Geist
> ... von der Rhetorik zum Gehirn.**

Es ist eine Dimension des Geistes, denn es ist das, was Neuroforscher wie z. B. John C. Lilly »Meta-Programming« nennen. Und es gibt inzwischen auch eine Richtung, die sich um dieses Thema bemüht, die *Noetik,* also die Lehre des Bewußtseins. Denn es handelt sich ja um einen Prozeß, der Bewußtsein produziert auf Basis spezieller mentaler Programme.

Ich habe nun viele Jahre Erfahrungen mit derartigen Mental-Programmierungen und bin zu der Überzeugung gelangt, daß die meisten Menschen überhaupt nicht fähig sind, fremdes Bewußtsein zu erkennen, sich also *fremdes Bewußtsein bewußtzumachen.*

Genau das aber bedeutet Open Mind. Und es verlangt, daß der Mind des Verkäufers sozusagen eine Antenne hat für die unsichtbaren Bewußtseins-Ströme anderer Menschen:

> **Open Mind ... ein Auge für das Bewußtsein außerhalb meines Bewußtseins.**

Nun werden Sie fragen: Wie kann man so etwas trainieren? Ich habe am Anfang auch sehr viele Pannen erlebt, obwohl Lilly immerhin eine erste Theorie zum Thema »Meta-Programming« vorgelegt hat und auch einige konkrete Programmierungs-Texte und -Techniken erprobt hat. Daran konnte ich mich anlehnen.

Inzwischen sind sehr viele Unternehmer, Manager und Verkäufer durch dieses Mental-Training gegangen, und es ist immer mehr ausgefeilt worden. Heute verfügt das Institut für Trend-Forschung, das die Trainings durchführt, über ein spezielles

MIND DESIGN FÜR VERKÄUFER.

Lassen Sie mich das etwas erläutern (siehe auch Seite 257). Ausgangspunkt ist die Frage: Welche mentalen Erlebnisse bauen in ihrem Zusammenwirken diejenige stabile Mind-Card auf, die der Verkäufer braucht, um fremdes Bewußtsein, das sich in seiner eigenen Evolution bewegt, erkennen zu können?

Acht Mind-Programme machen den Verkäufer zum mentalen Meister.

Es sind acht Mind-Programme, durch die sich diese höhere Mind-Card aufbauen läßt, vorausgesetzt, man programmiert sie sehr tief ein, also bis in das Unterbewußtsein. Eine weitere Voraussetzung liegt darin, daß das Einprogrammieren dieser acht Dimensionen parallel geschehen muß, damit sich alles wechselseitig vermascht. Im Grunde programmiert man also von Anfang an einen *synergetischen Effekt* ein.

Eine weitere Voraussetzung ist die Tatsache, daß für das Üben eine außerordentliche *Retreat-Atmosphäre* hergestellt werden muß, also ein weitestgehender *Rückzug von Alltag und Streß.* Die Programme selbst sollten nur einprogrammiert werden im Rahmen einer gleichbleibenden Glückseligkeit.

Um diese Glückseligkeit herzustellen, benötigen wir völlig neuartige Instrumente. Und hier haben wir auch am meisten Lehrgeld gezahlt. Aber inzwischen funktionieren diese Glücks-Techniken soweit, daß die Gruppe, die im Training ist, bereits ab dem zweiten Tag (wir üben insgesamt sechs Tage hintereinander) auf einem hohen Niveau von Glücks-Energie trainieren kann.

Soweit Glück. Ein anderer wichtiger Faktor ist der *Gehirn-Status*. Hier muß man unbedingt erreichen, soweit wie möglich in die Ebene einzutauchen, die die Gehirnforscher den Theta-Status nennen, also *hellwache tiefste Entspannung*. Hier arbeiten wir mit einem exklusiven Programm, für das speziell eine der derzeit besten *Meditations-Maschinen* entwickelt wurde (FOCUS 101).

Es würde hier sicher zu weit führen, das ganze geistige und technische Instrumentarium vollständig zu beschreiben, weil noch sehr viel mehr flankierend hinzukommt. Aber ich glaube, Sie als Leser erkennen schon in Umrissen das Grund-Konzept:

Wenn die neuen Mental-Programme über die persönliche Glücks-Energie in die tiefste Entspannungs-Ebene hineingetragen werden können, erzeugen sie einen synergetischen Effekt im Mind:

Es entsteht die Mind-Card für die Evolution von Geist.

Um es hier noch deutlicher zu machen: Man kann die evolutionären Bewegungen von fremdem Geist und fremdem Bewußtsein – und genau das ist Open Mind – nur dann erkennen, wenn man seinen eigenen Mind ganz bewußt ebenfalls ent-strukturiert hat. Er muß permanent fließen und schweben.

Was sind nun die acht Programme, die in ihrem Zusammenklang dieses *»schwebende Fließen des Geistes«* erzeugen?

MIND DESIGN

DAS TRAININGS-SYSTEM FÜR DEN SYMBIOTISCHEN VERKÄUFER

	Im Raum des Geistes gibt es keine Grenzen **1**	
Die Welt ist unsere Erfindung **2**	Der Mind formt die Energien des Lebens **3**	Die größte Kraft wartet im Augenblick **4**
Alle Ereignisse haben die gleiche Gültigkeit **5**	Liebe und Glück entstehen durch die Vereinigung mit allem **6**	Nur das Spiel erzeugt die höchste Wirklichkeit **7**
	Es ist wichtig für die Welt, daß es mich gibt **8**	

Die acht Inhalte für den Open Mind

Auf den ersten Blick muten diese acht Einzel-Programme sehr philosophisch und vielleicht auch zu abstrakt an, aber das scheint nur so jetzt hier im Rahmen dieses Buches. Für jede Dimension gibt es *bildhafte Metaphern,* also ganz konkrete, visuelle Imaginationen, so daß man die Programme sehr erlebnis-plastisch genießen kann.

Man kann das auf sehr unterschiedliche Art und Weise tun. Es gibt Trainer, die arbeiten mit *gelenkten Gruppen-Meditationen.* Ich persönlich habe bessere Erfolge erzielt (und besonders wichtig: schnellere Erfolge) mit der Kombination von Meditations-Maschinen, Audio-Kassetten und »mentalen Ritualen«.

Ich glaube, daß inzwischen so ein MIND-DESIGN-Training, das ja im Grunde nur ein Bruchteil der üblichen Trainings-Zeiten und -Kosten verursacht, für das *Rückgrat des symbiotischen Verkäufers* eine zwingende Notwendigkeit darstellt. Wer nämlich keine Mind-Card für Open Mind besitzt, kann als Verkäufer das höhere Spiel des symbiotischen Verkaufens gar nicht spielen. Und dieses Spiel lautet:

> Nur dann, wenn ein Verkäufer einen Open Mind hat, kann er spontane Symbiosen herstellen.

> Gemeinsam diejenige Zukunft herstellen, die als anschlußfähige Andersartigkeit dem Kunden in seiner persönlichen Evolution hilft.

Man kann dieses Training auch anders beschreiben, nämlich als einen Austausch-Prozeß *im Glaubens-System des Verkäufers.* Er glaubt dann nicht mehr an Macht als Erfolgsfaktor, sondern an Partizipation als Erfolgsfaktor:

> Partizipation ersetzt Macht.

Wie verhält sich Macht zur Co-Evolution?

Nach einer Analyse über co-evolutionäre Prozesse, die an der Universität Bochum durchgeführt wurde, sind Menschen, die besonders gut Symbiosen herstellen können und Co-Evolutionen steuern können, immer bemüht – wie die Forscher schreiben –, »*konventionelle Strategien der Macht zu vermeiden*«.

Und trotzdem steuern sie. Und trotzdem lenken sie. Aber sie lenken mit anderen – wenn man so will – »höheren« Macht-Strategien. Ihre Macht findet sozusagen auf der Meta-Ebene statt. Und das ist das, was ich oben so ausführlich beschrieben habe als die eigentliche Magie des symbiotischen Verkäufers:

> Die Macht des symbiotischen Verkäufers resultiert aus Future-Leadership . . ., aus Liebe, die verletzt.

Bei den konventionellen Macht-Strategien, das zeigte die Analyse sehr deutlich, operieren die Machtinhaber mit Sprachfiguren, die in erster Linie auf drei immer wiederkehrende Komponenten aufgebaut sind:

> **BISHER: SPRACHMUSTER DER ORDNUNG**
>
> 1. **Ausräumen**
> 2. **Definieren**
> 3. **Absolutieren**

Diejenigen Menschen, die die Macht transformiert haben, also auf die Meta-Ebene transformiert haben, bevorzugen ganz andere Sprachfiguren. Sie versuchen bewußt, Sprachfiguren der Ordnung zu vermeiden, weil sie wissen, daß »ordnende Sprache« insgeheim einer Disziplinierung des Kunden bedeutet . . ., mentale Züchtigung, und sei sie noch so diskret getarnt. Menschen mit einer höheren sozialen Weisheit bevorzugen *Sprachmuster der Zukunft*. Das sind interessanterweise verbale Muster der Machtlosigkeit, also Sprachfiguren für das Nicht-Festlegen für das Gemeinsame, das öffnet. Übrigens: Achten Sie einmal auf die Sprache von Vorstands-Vorsitzenden. Meistens haben sie diese bewertende, züchtigende Ordnungs-Sprache, die alles geistig in Schach hält.

Nun aber wieder zurück zur symbiotischen Sprach-Kultur . . ., es sind die Muster der Zukunft, die hier die Sprache führen:

NEU: SPRACHMUSTER DER ZUKUNFT

1. **Einräumen**

2. **Eventualisieren**

3. **Relativieren**

4. **Stimulieren**

Wie die Sozialforscher beschreiben, legen die klassischen Macht-Anwender durch ihre Sprachkultur betonten Wert auf *Nicht-Reversibilität*. Was sie ausdrücken, soll gültig sein, und nichts darf sich mehr bewegen. Meistens haben diese Menschen auch – wie Sullivan zeigen konnte – ausgesprochen enge und dogmatische Mind-Cards. Überhaupt scheint normale Machtausübung sehr viel mit reduzierten Mind-Cards zu tun zu haben:

Je enger die Mind-Cards, um so mehr Wille zur Macht.

Die transformierten Machtinhaber investieren durch ihre Sprach-Regie dagegen in eine *permanente eigene Reversibilität*. Ihre Sprachfiguren stimulieren also das permanente Entdecken durch das *permanente Wandeln der Inhalte* und des persönlichen Glaubens. Die Wissenschaftler nennen das

die höhere Strategie des Coping.

Coping. Dieser Begriff drückt ein Paradoxon aus: Man erreicht dann am meisten im Feld der Zukünfte, wenn man am wenigsten will. Man integriert sich dann am besten mit seinen Argumenten in den Geist der Menschen, wenn deren Wandel durch Sprache stimuliert werden kann.

Wenn man nun den symbiotischen Verkäufer auffaßt als

den sympathischen Führer zum Neuen,

dann wird klar, daß auch die Sprache der inneren Dynamik des Neuen folgen muß. Und diese Dynamik ist eine autopoietische Dynamik. Eine autopoietische Dynamik findet in jedem Kunden statt. Immer, wenn ein symbiotischer Verkäufer einen Menschen zum Kauf veranlassen will, versucht er, in das autopoietische System, das jeder Mensch am Laufen hält, hineinzukommen. Und dieses autopoietische System ist »offen, weil es geschlossen« ist, und ist zugleich »träge, um sich verändern zu können«, wie Frank Boos richtig schreibt.

Mit normalen Argumentations-Tricks und den üblichen Nutzen-Argumenten, die ja allesamt nur lineare Motivations-Taktiken sind, kann man zwar sehr gut Produkt-Vorteile verständlich machen, aber nur sehr begrenzt in diese autopoietische Prozesse im Gehirn einsteigen.

Für den symbiotischen Verkäufer ergibt sich daraus ein ganz veränderter Einsatz der Macht im Sinne des Coping: Er muß versuchen, in die Autopoiese, die in jedem Menschen während des Verkaufsgespräches stattfindet, eine neuartige Drift einzubringen, möglichst diejenige Drift, die ein *Win-Win-Spiel* für beide Beteiligte aufbaut. Dieser Prozeß wird »affektlogische Schleuse« genannt.

Man muß eine anschlußfähige Andersartigkeit einschleusen,

also eine Perturbation. Und es gibt drei Klassen dieser Andersartigkeit:

PERTURBATIONEN

1. **Skandale / Krisen / grundsätzliche Erschütterungen (z. B. Affront)**

2. **Parallele Welten (fremde Realitäten)**

3. **Selbst hergestellte neue Zukünfte (Virtualitäten)**

Am erfolgreichsten arbeitet der symbiotische Verkäufer mit den Dimensionen 2 und 3. Wenn er ein gutes Zeitgeist-Monitoring von seinem Unternehmen erhält (das ist u. a. die Aufgabe der Verkaufs-Führung), kann er permanent neue parallele Welten anbieten und damit das Neue stimulieren, nämlich die Selbstherstellung von neuen Zukünften.

Man sieht an dieser Stelle auch, daß es sich im Grunde beim symbiotischen Verkaufen um eine

neuartige Poesie der Interaktion

handelt. Warum Poesie? Niklas Luhmann hat dazu einmal in seinem Buch »Beobachtungen der Moderne« (Opladen 1992) geschrieben, daß es so etwas wie *eine Poesie des Offenen* gibt, und diese hat viel mit Telematik zu tun, also mit dem Wandern unserer Gesellschaft von der gesicherten Historie zur offenen Leading Edge. Luhmann argumentiert wie folgt:

Wenn eine Gesellschaft die *Brücken der Tradition abreißt*, dann steht sie permanent vor einer Zukunft, die nie real da ist. Und das Gefühl, das sich dann etabliert, ist das

»einer Schwebelage zwischen Nicht-mehr und Noch-nicht«.

Luhmann dazu: »Die Romantik formulierte das als Poesie.«
Man könnte es *Edge-Poesie* nennen und dementsprechend sagen, daß die Akte der Zukunfts-Erfindung, die sich im Symbiotic Selling permanent vollziehen, interaktive Poesie repräsentieren.

Nun, das klingt doch schon ganz anders, nicht wahr? Da geht es also nicht mehr um 48 Taktiken zur Einwands-Behandlung. Da gibt es kein 5-Stufen-System mehr, um Menschen zu manipulieren. Da gibt es keine bombastischen Checklisten mehr für die perfekte Inszenierung des verkäuferischen Auftritts

> Gutes Verkaufen wird zur spontanen Poesie, die interaktiv neue Zukünfte erfindet.

..., all das, was in den Selling-Books steht, wirkt jetzt plötzlich sehr maschinenhaft und allzu simpel.

Das Symbiotic Selling ist aus dieser Sicht eine Mischung aus gelebter Mitmenschlichkeit und moderner Zukunfts-Poesie.

Ich habe diesen Prozeß sehr häufig und oft mit Schmunzeln beobachten können bei einigen Spitzenverkäufern, die ich persönlich kenne. Und immer wieder habe ich dabei gesehen, daß sie im Grunde die Soft-Factors eines Produktes (das ist z. B. der Nutzen) und die Hard-Factors (das ist z. B. die Funktion) *nur als Staffagen benutzen.* Sie benutzen diese Facts für etwas völlig anderes. Sie benutzen sie, um

Future-Facts zu inszenieren.

Das wiederum ist nichts anderes als interaktive Poesie, die beim Kunden folgendes aufbaut:

das Commitment mit seinen eigenen Phantasien.

Der symbiotische Verkäufer erzeugt dieses Commitment. Die

folgende Darstellung zeigt noch einmal, wie diese unterschiedlichen Qualitäten zusammenwirken:

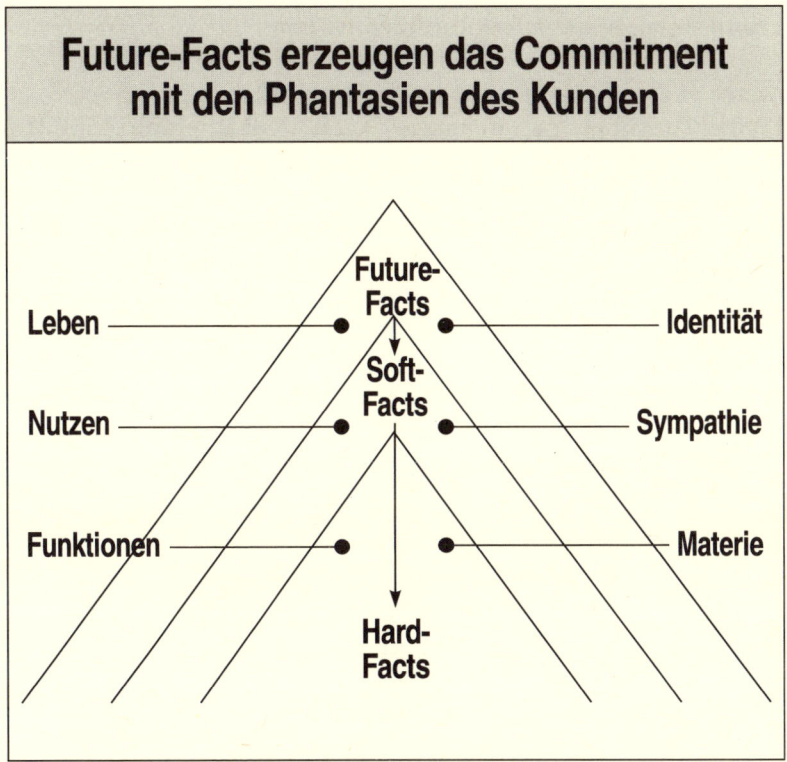

Future-Facts erzeugen das Commitment mit den Phantasien des Kunden

Zukunft ist also der Werkstoff für das Symbiotic Selling. Man verkauft über die gemeinsam hergestellte Zukunft. Und das ist ein *affekt-logischer Prozeß*, auf den ich besonders konzentriert hinweisen möchte. Denn was bedeutet das?

DIE ROLLE DER ZUKUNFT IM SYMBIOTISCHEN VERKAUFEN

- Die Zukunft wird als Faktum entwickelt,
- während sie zugleich als Emotion genossen wird.

Ja, Sie haben richtig gehört: Beim Symbiotic Selling ist es die Aufgabe des Verkäufers, dafür zu sorgen, daß die Zukunft wirklich *genossen werden kann*. Sie darf nicht als Bedrohung erlebt werden, auch nicht unterschwellig.

Wenn es dem Verkäufer nicht gelingt, *Zukunft zum Emotions-Genuß* zu führen, dann kann er auch nicht über die Zukünfte und Zukunfts-Partnerschaften verkaufen.

Die Voraussetzung für diese positive Emotionalisierung der Zukunft ist *das persönliche Glück* des Verkäufers, also seine private Glückseligkeit, die er in das Gespräch einbringt. Im Grunde handelt es sich bei dem Gespräch um einen Austausch-Prozeß von Glück, so daß es zu einer morphischen Resonanz von Glück kommt. Kurz:

> **Das Glück des Verkäufers macht die Zukunft der Welt zum persönlichen Genuß.**

Flankiert wird dieser Prozeß durch einen Zeit-Effekt, den ich in meinen Workshops immer folgendermaßen beschreibe:

> **Derjenige ist ein Meister, der die Zukunft in der Gegenwart erleben läßt.**

In diesem Sinne ist es eine indirekte Form von *Future-Meditation*. Und diese wird um so leichter durchführbar, je geübter der neue Verkäufer in Sachen »Expanded Self« ist. Wenn nämlich jemand mit einem harten und *aufdringlichen Ich* diesen Prozessen immer im Wege steht, dann kann er die Future-Meditation nicht wirklich meisterhaft einsetzen.

Die Ich-Identität des symbiotischen Verkäufers muß also ein sehr transparentes Ich aufweisen, am besten ein multiphrenes Ich, so daß der Verkäufer fähig wird, die unterschiedlichen

Identitäten seiner Kunden soweit wie möglich widerzuspiegeln:

> Das ideale Ich des Verkäufers ist wie ein Kristall, in dem sich die anderen Ichs widerspiegeln können.

Aber es gibt noch einen weiteren flankierenden Aspekt, den der stimulierenden und *erweckenden Sprache*. Wenn man Zukunft als indirekte Meditation per Gespräch organisieren möchte, dann ist es günstig, wenn der Redende die Zukünfte, die er kommuniziert, *in seinem Mind auch visuell sieht*.

Viele Verkäufer haben hier am Anfang einige Probleme. Nicht jedes Gehirn ist sofort in der Lage, Sprech-Akte und innere Bilder auf Anhieb synchron zu koordinieren.

Ich habe deshalb ein kleineres Trainings-Programm entwikkelt, das ich Flow-Training nenne. Die Idee:

> »Sehen, was man sagt.«

Dadurch verändern sich auch automatisch *die Beziehungs-Emotionen*, die ein Verkäufer einsetzen kann. Sein Repertoire an Beziehungs-Emotionen wird dadurch größer. Ich habe es immer erlebt als ein Wachstum an *»öffentlicher Intimität«*. Und das kann man beim Verkäufer, der im Training ist, sehr gut daran bemerken, daß er naiver seine Gefühle ent-äußert, ohne daß zugleich Egozentrik seinerseits entsteht.

Er wird dadurch zum Meister im Umgang mit den *»Gefühlen der Vermittlung«* (Gergen). Und das baut wiederum in indirekter Form Vertrauen auf, weil diese Kommunikation weitestgehend dem Ideal entspricht:

> die reine Vision, befreit von Intention.

Dahinter steht ein Aspekt, den man auch im buddhistischen Zen sehr gut kennt:

Wer nichts glaubt, wird für andere glaubwürdig.

Der neue Verkäufer codiert das Unsichtbare.

Alles in allem wird auch hier wieder ein großes Spektrum an Indirektheit sichtbar, also »Effekte der 3. Art«. Und damit erkennen wir hier die generelle Leitlinie für das Symbiotic Selling:

DIE INDIREKTE KOMMUNIKATION DES SYMBIOTISCHEN VERKÄUFERS

- **Symbiotic Selling operiert nicht als Kommunikations-Prozeß.**

- **Der symbiotische Verkäufer kommuniziert nicht intentional-direkt.**

- **Symbiotic Selling benutzt die Sprache für das Herstellen indirekter Effekte.**

- **Der symbiotische Verkäufer codiert das Unsichtbare.**

Ein Beispiel: Wie Peter L. Berger und Thomas Luckmann schreiben, ist es ratsam, »*die Sprache des Zukunfts-Alltags zu sprechen*«. Also nicht die Alltags-Sprache, sondern die Sprache der Zukunft, so, als wäre sie schon echter Alltag. Und der indirekte Effekt, der daraus entsteht, ist die Umprogrammierung der Konventions-Maschine, die jeder von uns im Kopf hat, auf eine neuartige »Wärme der Zukunft«. Die Stereotypen der Vergangenheit werden dadurch aufgelöst, und es entsteht – auf indirekte Art – der *Zukunfts-Mut der Kunden* ... die Basis für Magie.

Oder ein anderes Beispiel: Wenn man durch die oben genannten sechs symbiotischen Attraktoren eine *neue Emotions-Qualität* in die Sprache hineinführen kann, dann bewirkt das nicht etwa, daß man permanent über seine Gefühle spricht. Die Gefühle werden nicht Inhalt der Sprache, sondern fungieren symbolisch als Beziehungs-Emotion. Der indirekte Effekt ist also eine Gefühls-Regie, die der Verkäufer im Verkaufs-Prozeß vornimmt: Es entsteht ein *situatives Wir-Ich*.

Ein weiteres Beispiel: Wenn der Verkäufer eine erweckende und *experimentelle Sprache* sprechen kann, dann betreibt er nicht die Übermittlung von neuen Inhalten, sondern er benutzt das Erregungs-Gehirn, um das zu betreiben, was Flusser einmal »Komputation« nannte, also spontanes, versuchsweises Erfinden.

> **Die Sprache des symbiotischen Verkäufers sollte zum Sprach-Spiel der Zukunft werden.**

Und der indirekte Effekt, der daraus entsteht, ist die *Ent-Rationalisierung*, also der Eintritt der beiden Beteiligten (Verkäufer und Kunde) in die Welt 3 (Welt der Ideen). Die Sprache wird damit nicht mehr Übermittler von Inhalten, sondern zu einem Spiel ..., zu einem Spiel-Prozeß mit folgender Absicht:

die Sprache zum Spiel des Unbestimmten zu machen.

Es ist an dieser Stelle sicher lohnend, diese indirekten Effekte, die es herzustellen gilt, in Beziehung zu setzen zu den Bausteinen des Trainings-Programmes, das ich MIND DESIGN nenne.

MIND DESIGN

DAS TRAINING DES SYMBIOTISCHEN VERKÄUFERS

Die Ziele des Trainings:	Die Bausteine des Trainings:
Die Sprache zum Spiel des Unbestimmten machen	Alles ist Spiel Frieden mit der Welt Erfindung Gleich-Gültigkeit
Die Umprogrammierung der Konventions-Maschine auf die Wärme der Zukunft	Das Unbekannte Fließen / Evolution
Die naive Veräußerlichung der Gefühle	Das gute Ich Alles ist Spiel Selbst-Manipulation (Gefühle) Das All-Eine Jubel / Augenblick

All die vielen Dimensionen und Metaphern, die sich im MIND-DESIGN-Training zu einer Einheit verbinden, sind darauf ausgerichtet, die *Bildfähigkeit des Verkäufers* zu erhöhen, also seine Imaginationskraft. Und zugleich sind sie darauf ausgerichtet, daß er besser als ein normaler Mensch die Zukünfte imaginieren kann, also das bildlich sehen kann, *was noch nicht Gegenwart* ist, also keine normale Realität.

Was der symbiotische Verkäufer also zu trainieren hat, ist meilenweit entfernt von dem, was in den üblichen Verkaufs-Büchern steht. Das, was für seine neue *Rolle als Inspirator* wirklich wichtig ist, das ist

DIE ROLLE DES INSPIRATORS

Die Fähigkeit, die Welt 3 zu imaginieren:

die Zukunfts-Möglichkeiten durch Bilder zu stimulieren . . ., durch gesprochene Bilder.

Der neue Verkäufer erzählt neue Bilder.

Und das ist im Grunde nichts anderes als das Erzählen *»moderner Märchen«*, ganz im positiven Sinne verstanden und immer die Tatsache berücksichtigend, die Ciompi und andere Wissenschaftler in ihren Forschungen beschrieben haben: *Bilder und Gefühle steuern die Faktizität.* Hans Primas hat diesen Prozeß wie folgt beschrieben:

»Erst wenn neue Bilder Einfluß gewinnen, können wir neue Fakten wahrnehmen.«

Und der Volksmund drückt das ebenfalls aus, wenn er formuliert: »Das sehe ich nicht so. «

Dementsprechend ist der symbiotische Verkäufer weit weg von der *Illusion, er würde ein Informations-Agent sein.* Er weiß, daß nicht Informationen das Kaufverhalten steuern, sondern *mentale Rahmen* (Frames), die wiederum die Selbstorganisation des Kunden steuern. Und wenn er diese Rahmen manipulieren möchte, dann ist es u. a. auch wichtig, daß er die neuen Märchen der Zukunft erzählen kann. Denn:

137

die neuen Bilder erzeugen neue mentale Rahmen.

Je mehr der Verkäufer über Zukunfts-Partnerschaften arbeitet, um so besser muß er *mental arbeiten können*. Und dazu gehört, daß er neue Bilder für gemeinsam entwickelte Zukünfte im Gespräch plazieren kann. Erst dann sorgt die Selbstorganisation des Kunden dafür, daß dieser das Produkt und seine Vorteile so wahrnehmen kann, wie es ihn am meisten überzeugt:

Das Wahrnehmen der Produkt-Vorteile geschieht im Kontext neuer Bilder.

Im Grunde wird hier ein *noetischer Prozeß* beschrieben, verstanden als die bewußte Herstellung von Bewußtsein, das dem Kunden nicht bewußt war. Dabei ist es wichtig, daß der symbiotische Verkäufer die Sprache so einsetzt, daß sie ihm hilft,

das visuelle Inventar des Kunden kennenzulernen.

An dieser Stelle erkennt man noch einmal sehr genau, wie schädlich es ist, wenn ein Verkäufer wie ein dressierter Terrier auf den Kunden losgeht, heiß gemacht und strategisch bis ins kleinste präpariert. Er kommt nämlich gar nicht dazu, die Sprache so tastend und suchend einzusetzen, daß sie das visuelle Inventar des Kunden zum Vorschein bringt. Somit gilt:

> Der symbiotische Verkäufer benutzt die Sprache, um die inneren Bilder des Käufers erkennen zu können.

Alle Überzeugungs-Taktiken haben den Fehler, daß sie das visuelle Inventar des Kunden nicht sichtbar machen.

Wenn man als Verkäufer das visuelle Inventar zum Erwecken bringt, dann kann man die innere Welt des Kunden miterleben. Und erst dann kann man als Verkäufer das betreiben, was ich oben unter dem Stichwort »Gefühls-Regie« beschrieben habe, also man kann spezielle *Gefühle der Beziehung* in den Verkaufs-Prozeß einbringen und verstärken.

Mit dem visuellen Inventar kann der Verkäufer dann die neuen Bilder aufbauen, also die *spontanen Märchen der Zukunft* einbringen. Und wenn das Verkaufs-Gespräch gut läuft, dann kann er einige dieser neuen Bilder wiederholen und verdichten zu dem, was man einen *mentalen Raum* nennt. Er baut im Kopf des Kunden eine exklusive Welt auf. Voraussetzung dafür ist aber immer die Fähigkeit des symbiotischen Verkäufers,

Sprachfiguren für Gefühle

einzusetzen, ohne daß es inhaltlich eine Kommunikation über Gefühle wird. Das ist im Verkaufs-Gespräch meistens deplaziert, oft sogar peinlich. Die Emotionalisierung des Verkaufs-Dialoges hat nichts damit zu tun, daß der Verkäufer seine Gefühle mitteilt.

Kenneth J. Gergen hat zu dieser optimalen Gefühls-Regie folgendes beigetragen: »Zum Beispiel werden Gefühls-Sprachfiguren innerhalb vieler ozeanischer Kulturen (etwa auf Samoa, bei den Pintupi-Aborigines und den Ifaluk) *nicht* als Ausdruck innerer Zustände verwendet, sondern als Aussage über die Beziehung zwischen einer Person und einem Ereignis (oder einer anderen Person).«

Es ist also eine völlig andere Qualität der Gefühle, die hier in die Verkaufs-Kommunikation hineinfließen kann. Es sind *Gefühle für Zukünfte*, für Erfindungen des Möglichen. Und die erzeugen – wiederum indirekt – die Gefühle der spontanen Intimität, also warme Beziehungs-Gefühle.

Und nach meinen Erfahrungen kann man so etwas überhaupt nicht direkt und linear trainieren. Man kann dem jungen Verkäufer, der in der Ausbildung steht, nicht etwa Gefühls-Sets vorgeben und ihn raffinierte Gefühls-Sprachfiguren einüben lassen. Man kann auch keinen Auswahl-Katalog dafür entwickeln.

Denn welche Gefühls-Sprachfiguren im jeweiligen situativen Kontext richtig sind, das entscheidet das sehr individuelle, visuelle Inventar des Kunden, und das entscheidet die spontane Intensität und die Ausrichtung der Beziehung, die beide gerade aufbauen und praktizieren. Kurz:

> **Die Sprachfiguren für Gefühle sind immer nur singulär einsetzbar ..., also ohne jede Vor-Planung.**

Was kann man also trainieren? Nur das Indirekte. Und dann landet man wieder bei dem wichtigen *Attraktor des Glücks,* unterstützt von den anderen Attraktoren, z. B. Absichtslosigkeit und Inklusions-Codierung.

Wenn das Glücks-Niveau des Verkäufers gut ist, ist er zugleich auch immer ein *Meister der Stimmungen.* Und dann braucht er nicht die üblichen Anmach-Tricks für Lockerheit und Entspannung, die so häufig für Verkäufer empfohlen werden, wie z. B. »Erzähl immer am Anfang einen guten Witz.«

Ganz im Gegenteil: Die situative und singuläre Konstellation muß unbedingt in den Mittelpunkt gestellt werden. Es darf *im Prinzip kein Ablauf-Schema* geben für das Verkaufs-Gespräch. Was es geben muß, sind diese Beziehungs-Gefühle, weil ausschließlich die Gefühls-Strömungen die Fakten interpretieren. Anders gesagt:

> ## DIE GEFÜHLS-LOGIK DES VERKAUFENS
>
> **Logisch ist immer nur das,
> was logisch für das Gefühl ist.**

Wer also die Logik der Kunden manipulieren will, muß vorab ihre Gefühle manipuliert haben. Deshalb meine intensive Empfehlung, über den Attraktor »Glück« die Gefühls-Regie des Verkäufers zu trainieren. Diese Gefühls-Regie hat überhaupt nichts mit den üblichen Motivations-Techniken einiger Verkaufs-Trainer zu tun, ebenso wie die Stimmungen nichts mit Überzeugungs-Logik zu tun haben.

Was hier eigentlich abläuft, ist ein Prozeß der *morphischen Resonanz,* man könnte es in etwa mit einem »Prozeß des Ansteckens« beschreiben, so wie man beim Schnupfen von einer anderen Person angesteckt wird.

Das Resonanz-Phänomen der Gefühle.

Diese Resonanz-Phänomene in Sachen Stimmung und Gefühl sind recht umfangreich wissenschaftlich untersucht worden. Schauen wir uns einige der Forschungs-Ergebnisse an:

1. Die Universität von Hawaii hat analysiert, wie Gefühle optimal kommuniziert werden können. Die Studie wurde durchgeführt von Elaine Hatfield. Und das Ergebnis: Manche Menschen können Gefühle viel besser kommunizieren als andere. Wie kommt das? Von *großer Bedeutung ist das Gesicht* und das, was sich durch Vertrauen, ja Naivität, und innerer Harmonik im Gesicht wie von selbst entwickelt, nämlich die »psycho-physiologische Intensität« (Hatfield).

2. Der US-Psychologe John Cacioppo hat ebenfalls die wichtige entscheidende Rolle des Gesichtes für die Gefühls-Logik entdeckt. Seine Forschungen ergeben: Das *spontane Mienenspiel* kommuniziert die Gefühle als Angebot an den anderen, ähnlich zu fühlen.

3. An der Universität Gießen hat Harald G. Walbott ebenfalls analysiert, warum das Gesicht und seine Mimik der wich-

tigste Faktor für Gefühls-Kommunikation darstellen. Er hat entdeckt, daß im Gesicht permanent beim Gespräch eine Art Tanz der *allerfeinsten Gesichtsmuskeln* stattfindet. Und je mehr innere Glückseligkeit vom Verkäufer in das Gespräch hineingelebt wird, um so »glücklicher« wird der Tanz der feinen Gesichtsmuskeln.

Wie Walbott ebenfalls analysiert hat, hat unsere Kultur die Menschen grundsätzlich so trainiert oder konditioniert, daß Menschen immer spontan bereit sind, *die Gefühls-Mimik des anderen nachzuahmen.*

Was bedeutet das im einzelnen für das symbiotische Verkaufen?

DIE GEFÜHLS-ARBEIT DES SYMBIOTISCHEN VERKÄUFERS

1. Die Eigendynamik der Gefühle des Kunden kann der Verkäufer von außen mitgestalten, verlängern, pflegen und steigern.

2. Das Instrument dazu liegt nicht in den Inhalten seiner Kommunikation und auch nicht im Raffinement seiner Sprech-Taktiken. Vielmehr liegt das Instrument in der »Intensiven Emotions-Mimik«.

3. Diese ist wiederum nur indirekt zu steuern, d.h., der Verkäufer, der diese Emotions-Mimik einsetzen möchte, kann sie nicht vorplanen oder taktisch vorprogrammieren. Ganz im Gegenteil:

   Die Emotions-Mimik ist dann am intensivsten, wenn sie nicht geplant wird.

Auch hier schimmert wieder das Indirekte durch, z. B. der Attraktor »Absichtslosigkeit« und der Attraktor »Glück«. Interessant ist in diesem Zusammenhang, wann man die intensive Gefühls-Mimik am besten einsetzen kann. Sie werden erstaunt sein: *beim Zuhören.*

Man sollte demnach viel mehr zuhören im Verkaufs-Prozeß, also eine Mischung einsetzen aus Stimulation (um z. B. die visuellen Repertoires des Kunden miterleben zu können) und Zuhören, um seine Glücks-Mimik (die wichtig ist für die morphische Resonanz) optimal einsetzen zu können.

Wenn ein sehr glücklicher Mensch – nehmen wir an, es sei ein Verkäufer – mit viel Absichtslosigkeit zuhört, was sein Gegenüber erzählt, dann erscheint auf seinem Gesicht in prägnantester Form der feine Muskeltanz von Glück.

> Beim Zuhören hat der Verkäufer die optimale Selbstkontrolle seiner Mimik.

> Beim Zuhören erscheint am meisten Glück im Gesicht.

Das Gespräch als Instrument der Stimulation.

Wenden wir uns nun dem anderen Faktor zu, der Stimulation. Hier gilt das, was Max Bense einmal analysiert hat:

> Das dekomponierte Sprechen gibt dem Zuhörer den besten Einstieg, um sich in den Strom der Emotionen, die der Verkäufer hat, zu integrieren.

Ja, das ist enorm wichtig: Das *improvisierte Sprechen*, also das, was Bense das »dekomponierte« Reden nennt. Das bedeutet das Erfinden der Inhalte beim Besprechen der Inhalte. Dadurch hat der Kunde beim Zuhören die Gelegenheit, in die augenblickliche Gefühle des Verkäufers einzusteigen.

143

Wenn man also stimulierend sprechen möchte, wird es wichtig sein, in diesem Sinne improvisiert zu sprechen. Nichts stimuliert so sehr wie eine Sprache, die sich sozusagen gerade erst jetzt an ihrer eigenen Leading Edge entdeckt. Oder anders ausgedrückt:

DAS DEKOMPONIERTE SPRECHEN DES SYMBIOTISCHEN VERKÄUFERS

Das dekomponierte Sprechen erfindet die Inhalte beim Sprechen.

Das ist die ideale Sprechform für Zukunfts-Erfindungen.

Das dekomponierte Sprechen stimuliert den Zuhörer zum Miterfinden.

Beim dekomponierten Sprechen hört der Kunde seine eigenen Erfindungen.

Wer in dieser Form improvisiert spricht, verzichtet ja auf die *Fassade der Perfektion*. Und wer übertrieben komponiert spricht – das ist das, was in vielen Büchern als *»perfekte Rhetorik«* gelehrt wird –, programmiert das Unterbewußtsein des Zuhörers fast immer einseitig auf Angst. Mit anderen Worten:

Wenn sich gute Rhetorik verbindet mit komponiertem Sprechen, vergrößert sich die Distanz zum Zuhörer.

Aber wir brauchen beim Symbiotic Selling genau das Gegenteil. Wir brauchen nicht mehr Distanz, sondern weniger. Schließlich lautet das Ziel ja »Mentale Partnerschaft«. Also geht es um das ganz bewußte *Herstellen von öffentlicher Intimität*. Und deshalb ist das dekomponierte Sprechen mit Sicherheit eine wichtige Säule.

144

Kürzlich habe ich in einer TV-Talk-Show einen Verbands-Funktionär beobachtet, der wirklich exzellent sprechen konnte. Er hatte den typischen Elaborated-Code der Oberschicht, d. h., er sprach in der disziplinierenden Form der Ordnungs-Sprache. Zusätzlich verstand der Mann viel von seinem Fach und war ein sympathischer, ja sogar charmanter Mann.

Und dennoch: Er wirkte überhaupt nicht überzeugend, obwohl der Inhalt dessen, was er sagte, objektiv überzeugend war. Er schaffte es nicht, mich als Zuschauer in seine Welt hineinzuziehen. Und das nenne ich eine schlechte Rhetorik . . ., *schlechte Rhetorik trotz brillanter Sprache.*

Ich habe das spontan auf Video aufgenommen und immer wieder analysiert. Und ich habe es auch anderen Menschen vorgeführt. Und das Ergebnis war immer das gleiche: gute Inhalte, gute Sprache, aber sonst nichts . . ., eher Distanz.

Was war bei dem Mann passiert? Beim Sprechen konzentrierte er sich ganz einseitig auf das Sprechen. Seine gesamte Aufmerksamkeit – und das zeigte das Video recht gut – war wie ein Laser auf die eigene Sprachführung ausgerichtet, d. h., er war mit seinem Ich ausschließlich bei seinen brillanten Worten. Er redete also zu mir

> **Schlechte Rhetorik entsteht dann, wenn ein Verkäufer permanent beobachtet, wie gut er spricht.**

(als Zuschauer) mit einem überhöhten Ich-Feedback. *Er redete durch mich zu sich selbst.*

Ich nenne so etwas immer die *»kalte Innen-Sprache«.* Und das soll ausdrücken, daß diese Rhetorik-Stars nur die Worte auf die Reise nach außen schicken, *nicht aber ihr Herz.* Derartige Rhetorik-Stars bleiben in dieser Ich-Feedback-Schleife gefangen, damit sie gut sprechen. Sie sprechen gut, weil sie eine komponierte Sprachform herstellen, aber diese Sprachform saugt ihre ganze Menschlichkeit auf. Deshalb wirkt es nicht als Sprache.

Was vielen perfekten Rednern also fehlt, ist die Befreiung der Sprache vom kontrollierenden Ich. Ich gehe sogar in meinen Trainings-Workshops so weit, daß ich sage:

> **Je weniger das Ich das Reden kontrolliert, um so mehr redet die Leading Edge . . . redet das Gemeinsame.**

Und das führt uns zu der anderen Säule des Symbiotic Selling: das *Sprechen außerhalb des Ichs:*

> *Sprechen, ohne daß das Ich spricht.*

Hier handelt es sich um eine symbolische Codierung, die wiederum außerhalb der Sprech-Inhalte vollzogen wird. Oder anders ausgedrückt: Man benutzt das Sprechen, um *»Ungeschütztheit«* zu codieren.

Wenn ich außerhalb des Ichs spreche, also meine Sprech-Akte durch die Attraktoren der Absichtslosigkeit, Liebes-Charisma und Glücks-Energie gesteuert werden, dann entsteht in dem Gespräch ein *Code des spontanen Vertrauens.*

Denn es gilt: Das Ich ist immer Abgrenzung. Und wenn man außerhalb des Ichs sprechen kann, dann codiert man das Gegenteil von Abgrenzung, nämlich Vertrauen:

> **Wenn der Verkäufer sich nicht durch sein Ich schützt, produziert er einen positiven Vertrauens-Code.**

Wenn wir beide Aspekte zusammen betrachten, also das dekomponierte Sprechen und das Sprechen außerhalb des Ichs, dann nähern wir uns dem, was Elaine Scarry als typisches Denk-Konzept für die kommende, telematische Kultur beschrieben hat: das *»konstellative Denken«.*

Der neue Verkäufer denkt konstellativ.

Dieses Denken ist ganz wichtig und zugleich auch ganz typisch für Symbiotic Selling. Und es ist ein völlig anderes Denken, als es Product Manager, Vertriebs-Chefs und Vorstände in der Regel praktizieren. Der Manager muß lateral, systemisch und evolutionär denken. Der Verkäufer muß dagegen *imaginativ und stimulativ* denken. Als Bild:

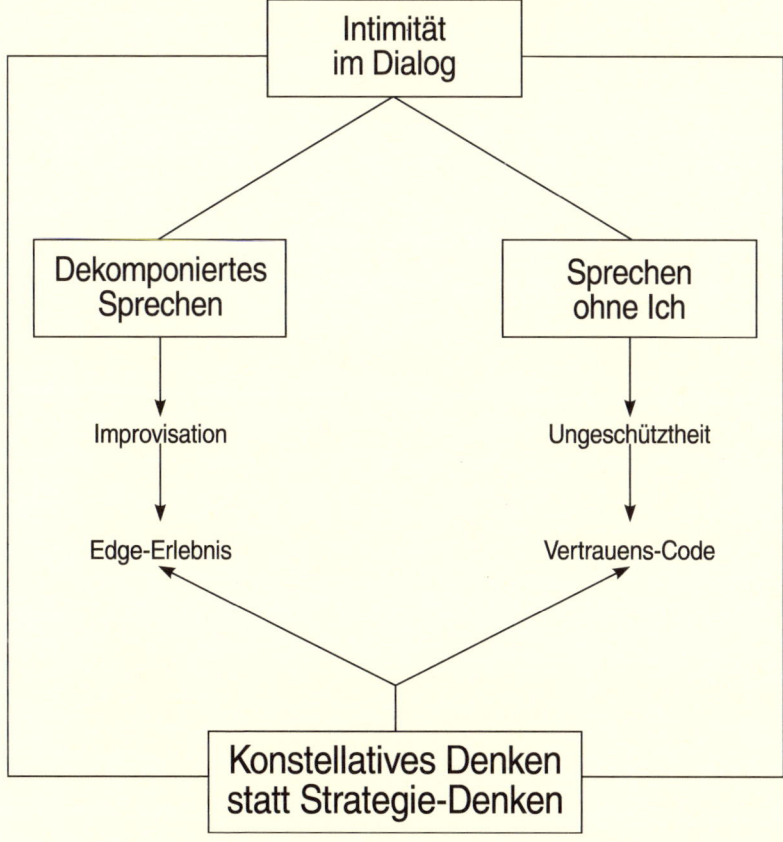

Jetzt verstehen Sie vielleicht, weshalb ich so viele Warnungen ausgesprochen habe im Hinblick auf die *strategische Unter-*

fütterung des Verkaufens. Denn diese Strategien stammen meistens aus der Welt des Managements und bringen in das konstellative Denken des Verkäufers zu viel systemische und laterale Qualitäten hinein:

> **Das abstrakte Manager-Denken ist tödlich für das symbiotische Verkaufen.**

Welche Organisation braucht das symbiotische Verkaufen?

Nun, inzwischen haben wir die wichtigsten Dimensionen und Facetten des Symbiotic Selling ausgeleuchtet. Es stellt sich jetzt die Frage nach der *Hintergrund-Organisation.* Wir wissen, daß jeder Verkäufer von der Organisation, für die er verkauft, spezielle Services benötigt. Und es ist auch bekannt, daß falsche Vertriebs-Strukturen und Organisations-Regeln die Effizienz des Verkäufers radikal begrenzen und zerstören können.

In diesem Sinne kann ich einem Ergebnis der bereits zitierten MMS-Studie wiederum nur voll zustimmen:

> **»Die Verbesserung des Verkaufens ist nicht zuletzt eine Organisations-Frage, denn im herkömmlichen, produktzentrierten System ist der Verkauf nur zu oft das fünfte Rad am Wagen.«**

Täuschen Sie sich nicht durch das Wort »produktzentriert«. Ich höre schon, wie der eine oder andere Leser an dieser Stelle sagt: Na ja, aus dieser Etappe sind wir längst raus. Wir gestalten unser Markt-Management nicht mehr durch Produkt-Zentrierung, sondern durch Marketing-Zentrierung.

Aber ich denke, daß die Marketing-Organisation in diesem Sinne gar keine Verbesserung mit sich bringt, weil sie nur einen besseren Fokus des Handelns bringt, aber nicht eine andere Organisations-Qualität. Lassen Sie mich das etwas konkretisieren:

1. Symbiotic Selling verlangt eine andere Führung und eine andere Organisation ..., anders als bei produkt-zentrierten Systemen oder bei marketing-zentrierten Systemen.

2. Das neue Verkaufen organisiert Zukunfts-Symbiosen. Es verkauft deshalb nicht Produkt-Systeme und kann deshalb auch nicht von produkt-zentrierten Organisationen erfolgreich verkauft werden.

3. Da das Symbiotic Selling vorrangig Zukünfte verkauft, kann es auch nicht in marketing-zentrierten Systemen erfolgreich implantiert werden, sondern nur in Unternehmen, die sich so organisieren, daß sie Bewußtseins-Systeme sind. Daraus folgert:

> **Die Organisation und Führung des Verkaufs sind in den Dienst eines Bewußtseins-Systems zu stellen.**

4. Bewußtsein kann aber nur dann zum Hauptinhalt eines Systems werden, wenn ein Maximum an Selbstorganisation erlaubt ist, ja sogar bewußt gefördert wird. In diesem Sinne benötigt der symbiotische Verkäufer

> **mehr konstruktive Illoyalität dem Produkt und der Organisation gegenüber.**

Mir liegen zwei vertrauliche Studien vor über die *positive Illoyalität von Spitzenverkäufern*. Es hat sich nämlich gezeigt, daß die Star-Verkäufer permanent das eigene Unternehmen und auch das zu verkaufende Produkt distanzieren und z. T. sogar diskreditieren, um möglichst viel Nähe zum Kunden und damit Symbiosen herstellen zu können.

Wenn nun aber ein Unternehmen eine Organisation und eine Führung praktiziert, die *auf Gehorsam und Angst ausgerichtet* ist statt auf High-Trust und Freundschaft, dann kann sich diese konstruktive Illoyalität überhaupt nicht entfalten. Verloren geht die Selbstorganisation und damit die Spontaneität des Verkäufers. Die Organisation hilft deshalb dem Verkäufer nicht bei seiner Arbeit . . ., sie erlaubt ihm nicht, wirklich effizient, weil symbiotisch zu sein. Etwas überspitzt ausgedrückt:

> **Je machtvoller die Bürokratie wird,**
> **um so schwächer wird der Verkäufer.**

Deshalb habe ich in diesem Buch darauf hingewiesen, daß nur ein *wirklich freier Verkäufer* seine Magie voll entfalten kann. Und es ist die Aufgabe der Verkaufs-Organisation eines Unternehmens, dafür zu sorgen, daß sie die Selbstorganisation der Verkäufer fördert. Was bedeutet das konkret für die Praxis? Ich habe das sehr ausführlich in meinem Buch »Management by Love« (Düsseldorf 1990) beschrieben, so daß ich mich hier sehr kurz fassen kann:

> **ein Wechsel von der Controlling-Kultur**
> **zur Freundschafts- Kultur.**

Die Organisation kann aber noch mehr für den Verkäufer tun. Sie kann ihn z. B. unterstützen beim Attraktor »Absichtslosigkeit«, also beim Entwickeln des Expanded Self. Es ist ja die Absicht dieser Dimension, den *Open Mind* auszubauen und damit mehr Sensibilität für die inneren, mentalen Prozesse des Kunden.

Wenn nun die Führung, die die Verkäufer lenkt, mit klassischen *hierarchischen Anordnungs-Ketten* operiert, dann programmiert diese Führung eine Ziel-Performance in den Verkäuferstab hinein.

Nun spricht ja nichts gegen Ziele. Aber wenn der *Ziel-Bazillus* übertrieben wird – und das ist immer das Ergebnis von strategischen und hierarchischen Anordnungs-Ketten –, dann wird die Führung zu einem Besserwissen und Bessermachen, ohne daß es die Führenden in der Regel besser machen.

Dieses Problem ergibt sich schon sehr häufig dann, wenn ein Spitzenverkäufer zum obersten Verkaufsleiter ernannt wird, eben weil er so gut verkauft hat.

An sich ist das nicht unbedingt eine falsche Idee, aber man muß dann die Führung vom klassischen Hierarchie- und Anordnungs-Prinzip verlagern in Richtung einer

Coaching-Führung.

Der Spitzenverkäufer wird dann nicht zum großen Strategen, zum Vorturner oder Besser-Verkäufer, sondern er wird dann zum *Mentor und Coach* für das persönliche und emotionale *Wachstum seiner Verkäufer.*

In diesem Sinne wäre es wichtig, daß er z. B. die sechs Attraktoren, die ich für Symbiotic Selling skizziert habe, immer wieder in den Mittelpunkt der inneren Entwicklungs-Prozesse stellt und daß er diese sechs symbiotischen Attraktoren immer wieder fördert und trainiert.

> **Der ideale Verkaufsleiter coacht die Symbiose-Energie seiner Verkäufer.**

Auch der Attraktor »Zukunfts-Reichtum« ist stark abhängig von der Qualität der Führung und der Organisation. Wenn es richtig ist, daß das Symbiotic Selling vom Verkäufer eine symbiotische Kompetenz verlangt, dann wäre es die Aufgabe von Organisation und Führung, zu betreiben, also das, was ich bereits unter *Zeitgeist-Monitoring* beschrieben habe. Es wäre die Aufgabe der Verkaufs-Leitung, die Mitarbeiter immer wieder zu *alternativen Welten* und *unsichtbaren Zukünften* zu führen. Das wäre wesentlich wichtiger, als sie einseitig auf Ziel-Performance zu steuern.

Bringen wir an dieser Stelle noch einmal einen Überblick ein: Es ist die Aufgabe der Vertriebs-Organisation und der Verkaufs-Führung, das neue, symbiotische Verkaufen *von innen*

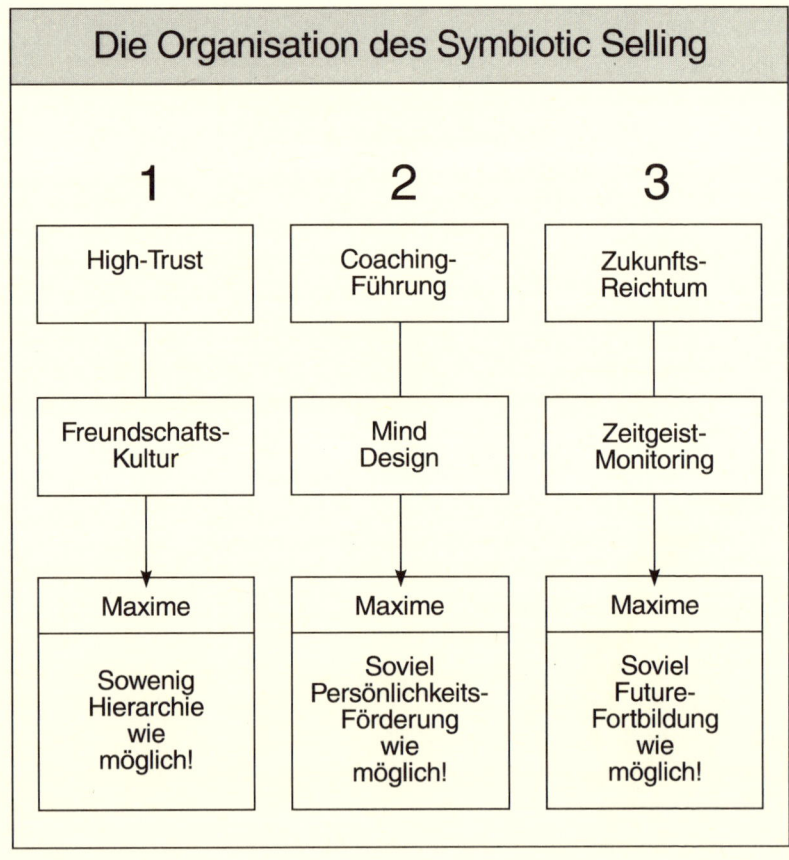

heraus zu unterstützen. Und dabei sind es drei wesentliche Bereiche, die verbessert und qualifiziert werden sollten:

Welchen Chef braucht der symbiotische Verkäufer?

Wenden wir uns nun einer besonders heiklen Frage zu: Wer ist eigentlich der ideale Chef für den symbiotischen Verkäufer? Und: Wie müßte der ideale Chef managen, damit seine Verkäufer besonders gut symbiotisch verkaufen können?

Nach meinen Erfahrungen gibt es da nicht so wahnsinnig viel zu sagen, aber das, was man als Programmatik entwickeln könnte, ist trotzdem schon ein ganz dicker Hammer für die meisten Chefs, also eine große Herausforderung. Lassen Sie uns die Programmatik genauer anschauen:

---

7 REGELN FÜR DEN CHEF DES SYMBIOTISCHEN VERKÄUFERS

1. **Sorge dafür, daß deine Menschen wachsen . . ., in der Arbeit und durch die Arbeit.**
2. **Vermeide jede Hierarchie, die vermeidbar ist.**
3. **Sorge für möglichst viele Freundschaften im Kreis deiner Verkäufer, pflege und fördere ihre persönlichen Beziehungs-Netze.**
4. **Investiere in den täglichen Spaß, kultiviere eine innere Kultur von Spaß und Freude.**
5. **Coache deine Verkäufer permanent in bezug auf Expanded Self (Open Mind) und Zukunfts-Liebe (Monitoring).**
6. **Sei ein Wander-Prediger eurer gemeinsamen Vision: Bringe diese Vision immer wieder zum Glühen.**
7. **Delegiere nichts von diesen Regeln an andere . . ., weil du als Chef nichts anderes zu tun hast, als das Wichtigste zu tun: dies!**

DAS
GEHIRN
FÜR DAS NEUE
VERKAUFEN

Lassen Sie uns jetzt beginnen, in die einzelnen Dimensionen und Bereiche des symbiotischen Verkaufs-Systems etwas mehr wissenschaftliche Substanz hineinzubringen. Beginnen wir mit dem Gehirn:

Symbiotic Selling und Gehirn.

Ich habe viel über die wichtige Rolle der stimulierenden und erweckenden Sprache gesagt. Und hierzu hat die Gehirn-forschung einige Grundlagen erstellt, z. B. *die Rolle der Zeit.* Ganz offensichtlich hängt das, was wir im Gehirn als »Zeit« erleben, mit dem *Faktor der Stimulation* zusammen.

Generell kann man sagen, daß die Sprache des Verkäufers dann am stimulierendsten ist, wenn sie die Inhalte der Leading Edge mit ins Spiel bringt und wenn sie zugleich das repräsentiert, was die Griechen »*Kairos*« nannten, also den günstigen Augenblick, den aktuellen Moment ... oder das, was man heute auch die *Punkt-Zeitlichkeit* nennt.

Der Psychologe und Physiologe Ernst Pöppel hat den Zeit-rahmen für Stimulationen analysiert. Er hat sich gefragt: Was bedeutet für ein Gehirn das, was wir ein »Jetzt« nennen?

Im Münchner Max-Planck-Institut für Medizinische Psycho-logie hat Pöppel mit seinem Team analysiert, mit welchen Prozessen das Gehirn überhaupt Zeit wahrnehmen kann. Und ganz offensichtlich existieren ganz unterschiedliche Mind-Cards für sehr unterschiedliche Zeiten.

Da gibt es z. B. ein Mind-Programm für Gleichzeitigkeit oder ein Programm für zeitliche Ordnungen ebenso wie für zeitli-che Dauer. Aber eben auch eine Mind-Card für die *kürzeste Gegenwart*, also für das Jetzt.

Die Analysen des Max-Planck-Instituts haben nun gezeigt, daß dieses Jetzt abhängig ist von den Schwingungen der Hirnströme, wobei diese Schwingungen immer dann entstehen, wenn Menschen einem Reiz ausgesetzt werden. Man hat »neuronale Oszillationen« beobachtet. Und das Interessante ist dabei, daß sie alle *eine Periode von etwa 30 Millisekunden* aufweisen. Innerhalb dieser Schwingung verschwindet für den Menschen die Bedeutung von Vorher und Nachher.

Also nehmen wir im Grunde gar keine Zeit wahr, Zeit wird erst hinterher geschaffen, also außerhalb der neuronalen Schwingungen. Zeit ist also auch ein kulturelles Lernprogramm. Und evolutionär hat sich für das Gehirn ein Zeitprogramm durchgesetzt, das offensichtlich besonders günstig ist, um mit der Welt zurechtzukommen:

Etwa 3 Sekunden dauert das Jetzt eines Menschen.

In der mentalen Dynamik ist alles das, was in diesen 3 Sekunden geschieht, das, was in der jetzigen Gegenwart geschieht. Innerhalb dieser 3 Sekunden kann ein Mensch *verschiedene Angebote zu einem Bewußtseins-Inhalt zusammenbringen.* Aber alles, was darüber hinausgeht, kann er nicht mehr automatisch zu einer Einheit zusammenfassen. Wenn er es trotzdem zusammenbringen will, dann muß er das abstrakt tun und damit intellektuell. Das bedeutet für den symbiotischen Verkäufer, daß er auf jeden Fall *lange Monologe* und *komplexere Abhandlungen* vermeiden sollte, auch wenn er persönlich glaubt, dadurch besonders viele Vorteile seines Produktes prägnant artikulieren zu können.

Ich habe mal einen brillanten Verkäufer beobachtet . . ., er hat im Grunde ganz wenig geredet. Und am Anfang habe ich gedacht, er habe Sprachhemmungen oder stottere vielleicht sogar. Er hat in einer eigenartigen Form *naiv und suchend geredet* (also dekomponiert), aber er hat eigentlich nie richtig zu Ende argumentiert, also das eingesetzt, was man in der

Sprachforschung »Elaborated Code« nennt. Er sprach in Fetzen von Andeutungen.

Seine Sätze waren abgehackte und zerbrochene Sätze, eher Stakkato-Angebote an den Kunden in Richtung »Erzählen Sie mal«. Und das war ungemein stimulierend, aber er hat eigentlich nicht richtig kommuniziert und schon gar nicht geschliffen argumentiert.

Was er aber brillant machte, war das *Zelebrieren von kleinen Bedeutsamkeits-Räumen*. Er stellte immer eine intensive Gegenwart her. Immer wenn er so eine kurze Stakkato-Sentenz formulierte oder – besser – improvisierte, dann entstand da herum ein eigenartiger Leerraum. Das läßt sich in etwa vergleichen mit dem Passepartout eines Bildes. Der Freiraum ist auch da mindestens genauso wichtig wie das, was mittendrin ist.

Und dieser Freiraum, den bildete dieser Spitzenverkäufer indirekt durch das 3-Sekunden-Gesetz. Er zwang den Zuhörer in einen unbewußten Rhythmus hinein, der in etwa 3 Sekunden beträgt. Da er nur immer ganz kurze Sequenzen aussprach, blieb immer noch viel leere Zeit im Rahmen des 3-Sekunden-Taktes. Und so schuf er symbolisch ein »Jetzt« . . ., er formte die Leading Edge durch seine Sprache.

Natürlich ist das, was dieser Spitzenverkäufer da intuitiv machte, ausgesprochen geschickt, wenn man symbiotisch verkaufen möchte. Und das ist ja immer gleichzusetzen mit der Erzeugung der Leading Edge.

Was wir hier erkennen, ist der starke *Einfluß des Gehirns* im Prozeß des Verkaufens. Und somit sollte man grundsätzlich erkennen, daß das Verhalten des Verkäufers in den nächsten Jahren einen anderen Fokus bekommen wird:

von der sozialen Kompetenz zur mentalen Kompetenz.

Diese mentale Kompetenz erfordert z. B. eine *gehirngerechte Kommunikation*. Und hier lassen sich die vielfältigen biologischen und gehirn-physiologischen Analysen von Maturana einbringen. Er ist einer der Pioniere der Autopoiese-Forschung, und aus dieser Sicht hat er sich mit der Frage beschäftigt, warum wir reden und wie es unserem Gehirn gelingt, aus den permanenten Dialogen eine permanent fließende Welt herzustellen.

Maturana bezeichnet Gespräche als ein »Operieren im verflochtenen Strom unwillkürlicher Koordinierungen von Sprachgebrauch und Emotionsfluß«. Seine Konsequenz daraus:

> **»Als Menschen existieren wir im Fluß unserer Gespräche.«**

Erst Konsens erzeugt Kommunikation.

Das ist die Basis für die neue mentale Kompetenz, weil sie ausdrückt, daß jeglicher Erkenntnis-Prozeß im Prinzip sprachgebunden ist, weil wir Menschen die Unterschiede, die zu Erkenntnis führen, durch Sprachakte erzeugen.
Damit führt uns die moderne Gehirnforschung zu dem Punkt, an dem wir erkennen, daß wir Kommunikation in der Vergangenheit viel zu naiv aufgefaßt haben. Die Prozesse der Wahrnehmung und der Informations-Aufnahme laufen bei weitem nicht so linear und mechanistisch, wie es z. B. das bekannte *Sender-Empfänger-Modell* vorgaukelt. Nach Maturana ist jeder Erkenntnis-Prozeß abhängig von

- subjektiven Faktoren
- stimulativen Faktoren
- konstruktiven Faktoren

Und wenn man diese Faktoren für die Manipulation von Kunden einsetzen möchte, dann gelingt das nur, wenn es der Sprechende schafft, »*konsensuelle Koordination*« (Maturana) zu organisieren. Kommt es nicht zu Konsens und Symbiose, so entsteht im Prinzip auch keine Interaktion durch Sprache:

Ohne Konsens bekommt die Sprache keinen Inhalt.

Sprache ist im Verständnis der Autopoiese-Forschung darauf ausgerichtet, mentale *Strukturen zu verändern.* Sprache selbst ist, so Maturana, immer das Ergebnis von Struktur-Änderungen, ebenso wie Sprache Strukturen verändert.

Aus dieser Sicht betont Maturana auch zu Recht, daß Manipulation per Sprache immer die einzigartige Verbindung von *konsensueller Koordination* einerseits und *Perturbation* andererseits darstellt. Unter Perturbation versteht man, wie gesagt, mentale Provokationen und »öffnende Verletzungen« im Mind.

Fazit:

Man kann also nicht viel mehr in das mentale System des Kunden hineinbringen als diejenigen Perturbationen, die den Konsens nicht verletzen oder beenden.

Im Grunde ist ein perfektes Verkaufsgespräch aus dieser Sicht *ein Netzwerk von vielen Drifts,* und zwar der Drifts von »Konsensualitäten« (Maturana). Und dabei ist es für den Verkäufer wichtig, daß er nie direkt manipuliert und daß er unter allen Umständen *Machtausübung verhindern muß,* und sei es eine noch so dezente Form von Macht, wobei für Maturana »Macht vor allem in Form von Gehorsam auftritt«.

Was der symbiotische Verkäufer also schaffen muß, ist, diejenige Drift von permanenten Konsensualitäten herzustellen, die *möglichst viele Perturbationen ermöglicht,* so daß im mentalen System des Kunden eine permanente Struktur-Veränderung stattfindet, ohne daß in direkter Form Macht und Manipulation zum Einsatz kommen:

Konsens wirkt besser als Manipulation.

Das ist die mentale Zielsetzung für das neue Verkaufen. Und wie ich schon einmal gesagt habe, sind Zukünfte, Experimente und Simulationen ideale Formen der Perturbation:

Sie verletzen mental, ohne emotional zu verletzen.

Neue Zukünfte verändern die mentalen Strukturen des Kunden.

Für Maturana ist dieses das Grundprinzip der Evolution schlechthin. Er geht davon aus, daß lebende Einheiten nur so lange existieren, wie sie sich in einem Bereich von Interaktion befinden, die für sie Perturbationen sind.

Daraus kann man schlußfolgern, daß es die Aufgabe des symbiotischen Verkaufens ist, den Kunden auf dem Weg der permanenten Übereinstimmung immer wieder *in Unterschiede hineinzutreiben,* also driften zu lassen.

So entsteht im Kopf der Kunden eine aufregend neue mentale Struktur. Und wenn sich später daraus neue *mentale Räume* ergeben, dann wird das Verhalten des symbiotischen Verkäufers zum »Führen in neue subjektive Welten«.

Das, was man »*emotional leadership*« nennt, ist also nicht – wie oft behauptet wird – der massive Einsatz von Gute-Laune-Sprüchen, Humor oder opportunistisches Nach-dem-Munde-Reden, sondern besteht vielmehr aus dieser neuartigen Fähigkeit, in einem permanenten Fluß des Konsens zu bleiben, in dem dann die Perturbationen die eigentliche Drift erzeugen. Maturana nennt das »*Leben in Sprache*«.

Wir erkennen an dieser Stelle, wie kompliziert im Grunde der *mentale Verlauf beim Verkaufen* ist. Und mit Sicherheit wird man aufhören müssen mit dem simplen Modell »Der Verkäufer redet, und der Kunde reagiert«. Also wird es auch nicht stimmen, was man immer wieder direkt oder indirekt behauptet: Je besser der Verkäufer redet, um so mehr muß der Kunde in seinem Sinne reagieren.

Die neue Sicht der Forschung zeigt, daß man immer eine Korrelation zwischen einem externen Stimulus und der Reaktion eines Menschen finden kann. Jeder Mensch reagiert auf alle Reize. Immer dann, wenn Menschen in ihrem Umfeld leben, gibt es diese Korrelation von äußeren Reizen und inneren Reaktionen. Das Problem ist nur, *was diese Korrelationen aussagen.* Und hier hat die neue Gehirnforschung sehr viel erstaunliches Material vorgelegt, z. B.:

> **Je offener das Umfeld ist, um so weniger stimmt die lineare Beziehung zwischen dem Stimulus und der Reaktion.**

Je mehr Offenheit also im kulturellen Umfeld vorherrscht, um so mehr Kinetik gibt es auch. Und je mehr Kinetik auf die Menschen einwirkt, um so weniger Regelmäßigkeiten wird man zwischen Stimulus und Reaktion finden. Mit anderen Worten:

- Der Kunde reagiert zwar auf die Reize, die der Verkäufer einsetzt.

- Aber je telematischer die Umfeld-Situation ist, um so weniger wiederholbar und regelmäßig reagiert er auf diese Reize.

- Die Reaktionen werden immer stärker von den inneren Dynamiken des Kunden abhängig . . ., also von den inneren Bildern.

- In der telematischen Kultur entscheidet also die mentale Innen-Dynamik die Aktion der Kunden und nicht die Reiz-Qualität des Verkaufs-Arguments:

> **Der Kunde ist sein eigener Verkäufer.**

Deshalb wird die Zukunft zum symbiotischen Verkaufen gehen, verstanden als die Kunst, *zwei unterschiedliche strukturelle Dynamiken* miteinander zu verbinden. Und das führt zu einer Verlagerung

> **vom intentionalen Vokabular zum erfindenden Vokabular.**

Oft wird dieses neue Vokabular auch *»generative Sprache«* genannt, ganz im Sinne einer stimulierenden und erweckenden Sprache. Was wir also erkennen, ist, daß die Sprach-Regie des symbiotischen Verkäufers deutlich anders sein muß, weil sie die Aufgabe hat, die unterschiedlichen Dynamiken von Kunde und Verkäufer so miteinander zu koppeln, daß Konsens und Perturbation sich im Fluß vereinen können.

Wie Rainer Paslack (»Urgeschichte der Selbstorganisation«, Wiesbaden 1991) schreibt, ist es wichtig, daß man sich dabei bewußt von Funktionen, Bedeutungen und insbesondere von Zielen trennt, weil diese immer zu mechanistischem Verhalten führen, also zu einer *starren Intention,* die verhindert, daß gemeinsam Zukünfte erfunden werden.

> **Strategie blockiert Konsens.**

Maturana hat darüber unter dem Stichwort »Ontologie des Konversierens« ausgesagt, daß im mentalen System eines jeden Menschen im Grunde permanent *Rationalität entsteht durch Konsensualität.* Etwas verkürzt könnte man sagen:

> **Das Rationale ist derjenige Glaube, der am meisten Wiederholungen auf sich vereinigen kann.**

Die Rationalität entsteht also im Kopf durch Glaubensprozesse und ihre Wiederholungen. Und insofern kann man deutlich sagen, daß auch das rationale Denken nichts anderes ist als umgewandelter Glaube, ebenso wie man sagen kann: »Jedes rationale System ist emotional begründet.«

Das, was ein Kunde als rational und *überzeugend erlebt,* ist also eigentlich nichts anderes als viele übereinander geschichtete Konsens-Effekte.

> **Die erlebten Konsens-Effekte erzeugen beim Käufer eine Rationalität, die ihn überzeugt.**

Aus dieser Sicht wird wiederum deutlich, wie wichtig die *Beziehungs-Emotion* ist, wichtig als Mittel für die Herstellung eines gleichmäßig fließenden Konsenses, in dem dann wiederum entglaubt und neu geglaubt werden kann. Friedrich Wallner hat in dem Buch »Grundprinzipien der Selbstorganisation« (Kratky und Wallner, Darmstadt 1990) ebenfalls darauf hingewiesen, daß es die Aufgabe guter Sprachkonzepte sein müsse, nicht nur Informationen zu übertragen, »sondern *ein Deformieren des Partners* herzustellen« . . ., ein Deformieren durch Konsens-Erlebnisse.

Aus dieser Sicht mutet die seit einigen Jahren anhaltende Diskussion der Werbe-Branche über die Wirkung von »biologisch vorprogrammierten Reizen« (Kroeber-Riel) sehr eigenartig und antiquiert an. In der Tat glauben viele Werbeleute immer noch an das *Stimulus-Response-Modell* und kombinieren das mit einem – wie Arthur Fischer in einer kritischen Replik auf Kroeber-Riel zu Recht schrieb – »total veralteten Menschenbild«.

Da gibt es weder den Konsens-Flow noch den Flow der Perturbationen. Da gibt es nur passive Wesen, und das sind die Kunden und die Zielgruppen. Und die müssen auch permanent passiv sein, d. h., in ihrem mentalen System gibt es keine eigenständige Dynamik und schon gar keine *Gegen-Kommunikation,* die die Werbe-Kommunikation annullieren oder uminterpretieren kann.

Das einzige, was es in diesem Weltbild – das weit entfernt ist von der modernen Gehirnforschung – gibt, sind Menschen, die zu Reaktionen verpflichtet sind, die man aber maximal 2 Sekunden lang zum Zuhören überlisten kann . . ., eben nämlich nur dann, wenn man besonders kräftige Reize einsetzt, also Gags und schrille Provokationen.

Aus der Sicht der neueren Forschung kann es eine solche *einseitige Abhängigkeit von Reizen* überhaupt nicht geben. Und Heinz von Foerster hat das vielleicht am besten formuliert:

»Erkennen ist die Selbst-Beschreibung eines mit sich selbst interagierenden Gehirns.«

Das, was also ein Kunde als Produkt-Vorteil erkennt, ist immer von der inneren Dynamik seines mentalen Systems abhängig. Und wie Roth ergänzend formuliert, gibt es zwar die Möglichkeit, den Kunden durch Werbung und Verkaufsgespräche *von außen neuronal zu erregen,* aber diese Erregung, »die aufgrund der sensorischen Reizung in den Sinnesorganen entsteht und zum Gehirn weitergeleitet wird, ist als solche *unspezifisch«.*

Das bedeutet ganz konkret, daß alles das, was Werbung behauptet oder der Verkäufer sagt, nicht etwa direkt in den emotionalen und kognitiven Bereich des Kunden hineingetragen wird. Das einzige, was die Rezeptoren von außen nach innen hineintragen, ist die *Intensität einer Erregung* (also ein Wieviel).

Was aber nicht hineingetragen wird, ist die Natur oder die *Botschaft dieser Erregung* (das Was). Heinz von Foerster hält dieses Prinzip der »undifferenzierten Codierung« für eine der wichtigsten Entdeckungen für den Gesamtbereich Manipulation, Kommunikation und Verkaufen.

Denn was besagt dieses Forschungs-Ergebnis? Das Gehirn erhält zwar neuronale Impulse, aber es sind *unspezifische Impulse*. Wie Heinz von Foerster erforscht hat, hat eine Nervenzelle eine Spannungs-Differenz zwischen dem Inneren und dem Äußeren von 0,1 Volt. Ganz gleichgültig also, wie die Sinne eines Kunden durch was erregt werden . . .

es gelangen nur immer 0,1 Volt Stromstoß zum Gehirn.

Die Deutung der Welt kommt also nicht per Kommunikation oder fertige »Schlüsselreize« (Kroeber-Riel) von außen ins Gehirn. Ganz im Gegenteil: »Die Stärke des Nervenimpulses ist immer die gleiche . . ., die Sprache der Nervenimpulse ist bedeutungsneutral« (Heinz von Foerster). Oder anders ausgedrückt: 0,1 Volt für alles. Und die Konsequenz daraus:

Die Deutung der Welt ist immer die Erfindung von Welt.

Deshalb votiere ich hier so leidenschaftlich für das Arbeiten mit den sechs symbiotischen Attraktoren, weil sie den Verkäufer wegführen von intentionalen Inhalten (raffinierte Sprachfiguren), von linearen Mechanismen (Argumentations-Taktiken) und von strategischer Inflexibilität.

Wenn der symbiotische Verkäufer mit den sechs Attraktoren

wirklich gut arbeitet, dann fummelt er sozusagen nicht im Geist des Kunden mit seinen Absichten herum, sondern redet und handelt so, daß ein gemeinsamer Prozeß für eine *gemeinsame Bedeutungs-Produktion* zum Laufen kommt.

Diese Gemeinsamkeit ist von großer Wichtigkeit, weil sie die Bedeutungen herstellt, die die eigentliche Kommunikation überhaupt nicht herstellen kann. Roth dazu: »Weil aber im Gehirn der signalverarbeitende und der bedeutungserzeugende Teil eins sind, können die Signale nur das bedeuten, was entsprechende Gehirnteile ihnen als Bedeutung zuweisen.«

> **Die Attraktivität des Produkts entsteht durch Bedeutungen, die gemeinsam hergestellt werden.**

Ich glaube, an dieser Stelle wird klar, wie sehr sich das Verkaufen verändern muß. Der Verkäufer verkauft keine Produkte mehr und inszeniert auch keine Produkt-Vorteile, sondern er organisiert einen Prozeß, der *gemeinsame Bedeutungen* herstellt.

Deshalb habe ich des öfteren darauf hingewiesen, daß die Sprech-Akte des symbiotischen Verkäufers überhaupt nicht auf Nachrichten-Übermittlung ausgerichtet sind, sondern auf

- Beziehungs-Systeme;
- Co-Evolution;
- Synreferenzialität.

Je einseitiger der Verkäufer zu manipulieren versucht, je mehr er also glaubt, daß er der *eigentliche Überzeuger* sein muß, um so mehr zerstört er diese drei Faktoren. Je cleverer er sich zu verhalten scheint, um so schwächer wird sein Einfluß beim Herstellen von gemeinsamen Bedeutungen:

DIE AUFGABE DER SYMBIOSE

Ohne Symbiose degeneriert das Verkaufsgespräch zu einem Willkür-Akt des Kunden: Dieser deutet dann das Angebot so, wie es seine Deutungen wollen.

Um es hier ganz deutlich zu sagen: Die Konzentration auf die Symbiosen sind alles andere als ein *Schwächezeichen des Verkäufers*. Ich habe in vielen Gesprächen aber genau das als Vorwurf und Befürchtung gehört.

Besonders diejenigen Verkäufer, die bisher erfolgreich mit Hard-Selling-Methoden gearbeitet haben, rümpfen verächtlich die Nase, wenn sie etwas von Symbiosen hören oder von »gemeinsamer Herstellung von Bedeutungen«.

Für sie ist das Schlappheit, also die Unfähigkeit, diejenigen Argumente zu finden, »die wirklich überzeugen«. Ich glaube aber, daß dieser Bericht über einige Ergebnisse der Kognitions-Forschung und der Brain-Forschung gezeigt hat, wieviel *Illusion* hinter dem Konzept des Hard-Selling steckt.

Wer an Hard-Selling glaubt, sucht immer die Schlüsselreize oder die ultimativen Argumentationen . . . ; im Grunde plant er eine Mischung aus Überfall und mentaler Vergewaltigung.

Der symbiotische Verkäufer versucht dagegen gehirngerecht zu arbeiten. Er weiß, daß er mit seinen Sprech-Akten weder das Produkt noch die Vorteile des Produktes direkt rüberbringen kann. Deshalb arbeitet er mit dem Konzept der Symbiosen:

mehr Nähe für mehr Verletzung,

Damit wird eine »*höhere Form der Manipulation*« erkennbar. Man muß als Verkäufer die Bedeutungs-Rahmen, die im mentalen System des Kunden existieren, verändern, z. B. durch Verletzung (Perturbation). Und man muß sozusagen permanent die Erlaubnis für diese Bedeutungs-Manipulation herbeireden, indem man die Sprech-Akte nicht mehr auf Manipulation ausrichtet, sondern auf Konsens und Beziehungs-Emotion:

Der bessere Manipulateur ist der, der geliebt wird.

Symbiotic Selling und Linguistik.

Natürlich haben inzwischen auch viele Praktiker bemerkt, daß man mit den linearen Kommunikations-Modellen der Hard-Seller nicht mehr so viel erreichen kann. Aber die Gefahr ist eben die, daß man zwar beginnt umzudenken, aber daß das ein *Umdenken im alten Sinne* sein wird, also ein Umdenken im Feld von Stimulus-Response, ein Umdenken, das immer noch mechanistisch bleibt.

Des öfteren höre ich bei Workshops Thesen wie »Also müssen wir mehr zuhören lernen« oder »In Zukunft verkauft man nur über Freundlichkeit«. Und das ist ja auch alles teilweise richtig, aber es wird nur dann wirklich richtig, wenn man sozusagen *das Paradigma des Verkaufens* wechselt, wenn man sich also trennen kann vom Urmodell der Kommunikation, also vom Stimulus-Response-Modell, das behauptet:

Nur der bessere Reiz wirkt besser.

Vor kurzem gab es eine Konferenz in New York, auf der Jeffrey J. Hallet, ein Zukunftsforscher, über die neuen Chancen und Probleme für Handel und Verkauf gesprochen hat. Er geht richtigerweise davon aus, daß das *Einkaufen immer frustrierender* werden wird, während zugleich die Kunden immer genauer vorab wissen, was sie genau wollen.

Das deckt sich mit meinen Analysen, die ich hier vorgelegt habe. Aber die Empfehlungen, die Hallet dann ausspricht, sind leider wieder linear und mechanistisch. So empfiehlt er z. B.: »Mehr Beziehungen statt reiner Transaktionen.« Das ist im Prinzip völlig richtig, aber den Maßnahmen-Katalog, den er dazu empfiehlt, kann man kaum als erfolgreich beschreiben, denn es geht bei ihm wiederum um die Verbesserung des Wissens um die Zielgruppen, die Zusammenfassung von Kunden-Daten zu Verhaltens-Clustern usw.

Was ich damit sagen will, ist folgendes: Man kann in Zukunft nur verkaufen, wenn man Konsens-Beziehungen steuern kann. Aber man muß diese Beziehungen dann auch gehirngerecht nutzen, indem man Perturbationen durch gemeinsam entwickelte Zukünfte einsetzt.

Und zu diesen Perturbationen gelangt man eben nicht durch die Verfeinerung der bisherigen Zielgruppen-Methodik oder durch »neue Typologien«.
Hallet empfiehlt ebenfalls: »Vom Reden zum Zuhören.« Für ihn ist Zuhören die neue Service-Rolle für Verkauf und Handel. Das ist wiederum im Prinzip richtig, und doch greift es zu kurz. Wie wir gesehen haben, geht es um eine neuartige Kombination zwischen stimulierender, erweckender Sprache einerseits und Zuhören andererseits. Oder anders ausgedrückt:

Zuhören allein erzeugt noch keine Zukunfts-Symbiosen.

Wenn der Verkäufer kein permanentes Zeitgeist-Monitoring erhält, also sein Bewußtsein nicht an der Leading Edge ist, dann kann er noch so gut zuhören . . ., deshalb kann er trotzdem nicht den Kunden und dessen *Redefluß so stimulieren,* daß eine mentale Partnerschaft entsteht, also ein Commitment für eine gemeinsam entwickelte Perspektive.

Ich meine also, daß man sich hüten muß vor allzu schnellen Slogans, die im Grunde nur die jetzt immer mehr zu beobachtende Resignation der Verkäufer ummünzt in neue flotte Rezepturen, die zu kurz greifen.

Ohne das *Paradigma der Autopoiese* wird man hier also nicht weiterkommen, weil man sonst immer im alten Feld der Wenn-dann-Gesetze steckenbleibt. Man hat dann keinen Zugang zur evolutionären Dynamik. Und im Grunde krankt ja das Verkaufen im Moment hauptsächlich daran,

daß die Evolution in der Gesellschaft da ist, während sich das Verkaufen noch nicht evolutionär programmiert hat.

Deshalb ist Co-Evolution für das Symbiotic Selling so wichtig. Co-Evolution kann nicht betrieben werden mit dem klassischen Instrumentarium des Hard-Selling (Manipulation), also mit Bedarf, Nutzen und Interpretation.
Wer das symbiotische, also evolutionäre Verkaufen einsetzen will, muß ganz grundsätzlich umschalten auf Zukunft, Stimulation und Symbiose.

Es stellt sich deshalb die Frage, *welchen Beitrag die Sprache leisten kann für Co-Evolution.* Und damit betreten wir das Feld der Sprachforschung. Lassen Sie uns deshalb auf einige Aspekte der Linguistik näher eingehen:

Wie Heinz von Foerster einmal sagte, »haben wir noch keine Sprache entwickelt, die der Realitäts-Erfindungs-Prozedur gerecht wird«. Ganz offensichtlich war Evolution bisher nur ein Nebeneffekt in unserer kulturellen Reflexion. Deshalb haben wir auch noch keine perfekte Sprache für Evolution und Co-Evolution:

Zwar arbeiten einige Wissenschafts-Gruppen an diesem Problem. Aber das Ganze ist natürlich noch weit entfernt von einer populären Alltags-Norm. In dem Buch von Ernst P. Fischer (»Die zwei Gesichter der Wahrheit«, München 1987) wird z. B. die Arbeit der Gruppe Unityp beschrieben. Das ist eine Gruppe, die von Hansjakob Seiler an der Universität Köln geleitet wird.

Man entwirft »eine neue Sicht der Sprache«. Man will die Sprache abtrennen von den alten, »mehr dinghaften Vorstellungen«. Dementsprechend begreifen Seiler und seine Mitarbeiter

Sprache als eine Tätigkeit, die Probleme löst.

Gesucht wird also eine expansive, autopoietische Sprache, die Wandlungen im mentalen System (Gehirn) erzeugen kann. Und soweit die bisherigen Forschungen vorliegen, deutet es darauf hin, daß diese experimentelle Problemlösungs-Kompetenz der Sprache nur von demjenigen aufgebaut werden kann, der sich grundsätzlich trennt von der Auffassung, daß man durch Sprache Informationen und Inhalte übermittelt.

Hans Rudi Fischer schreibt dazu in dem Buch »Autopoiesis« (Heidelberg 1991), daß es sich hier um eine *zirkuläre Problematik* handelt. Die Sprache muß in die zirkuläre Organisation einsteigen können. Das bedeutet für den Sprechenden, daß er sich trennt von der Vorstellung, die Zuhörer seien im Prinzip informations-verarbeitende Maschinen.

Will man also zur experimentellen Sprache, die erfinden kann, durchstoßen, dann muß sich der Redende selbst von seinen inneren Ordnungs-Prinzipien trennen, so z. B. von

172

seinen *Vorstellungen über Bedeutung.* Die Frage »Was bedeutet das?« stellt sich dann nicht mehr, vielmehr lautet die autopoietisch gefärbte Frage plötzlich:

»Wie bedeutet was etwas?«

Und dann sieht die Sache sprachlich plötzlich ganz anders aus: Dann wird die Sprache plötzlich zu einem *Instrument der Ontogene.* Sie erzeugt also eine individuelle Entwicklungs-Geschichte. Sie erzeugt spontanes, neues Sein. Oder anders ausgedrückt:

Derjenige Verkäufer ist sprachlich geschickt, der durch Sprache eine Co-Ontogenese herstellen kann:

Die Sprache dient dann zur Steuerung derjenigen mentalen Interaktionen, die eine gemeinsame Welt herstellen.

Die Sprache ist dann nicht mehr Gepäckträger für Informations-Pakete, sondern ist *ein Medium, das beiden gehört,* also dem Kunden und dem Verkäufer. Die Sprache wird dann zu einem Medium zur Erschaffung von gemeinsamen Welten. Die Beteiligten benutzen die Sprache dabei ziemlich willkürlich, um ihre Co-Ontogenese (Symbiose) organisieren zu können.

Das hört sich alles ungeheuer abstrakt an, aber viele Spitzenverkäufer haben mir das mit ihren Worten immer wieder bestätigt. Sie sagen mir, daß sie oft völlig verblüfft sind, wenn sie verkaufen, ohne überhaupt auf das Produkt im entferntesten eingegangen zu sein.

Einer hat mir erzählt, er habe das Gefühl gehabt, der Kunde (es handelte sich um ein Verkaufen in der Wohnung des Kunden) habe ihn immer so gesteuert, daß es überhaupt kein echtes Verkaufs-Gespräch geben konnte. Und sehr häufig, so

173

haben mir Verkaufsstars berichtet, erleben sie ihr eigenes Verkaufs-Gespräch als eine Tarnungs-Marionette, die sich hin und her bewegt, um davon abzulenken, daß sich etwas anderes, Wichtigeres dahinter vollzieht.

Das Verkaufs-Gespräch als Vorwand für gemeinsame Zukunfts- Suche.

Und genau das ist auch der aktuelle Stand der Linguistik und der Kognitions-Forschung. Dort liest man z. B. folgendes:

1. **Sprachliche Kommunikation ist radikal subjekt-kontextuell.**

2. **Die mentale Verarbeitung der sprachlichen Kognition ist in gar keiner Weise standardisiert, sondern entsteht ausschließlich aus der Kopplung des Nervensystems an seine eigene Struktur.**

3. **Sprache funktioniert erst dann, wenn sie einen konsensuellen Bereich organisieren kann, in dem Gemeinsamkeit erfunden werden kann, also Co-Ontogenese und Co-Evolution betrieben werden kann:**

Gemeinsames Leben ist gemeinsam sprechen.

Maturana betont, daß es die Aufgabe der Sprache sei, das herzustellen, was er eine »*wechselseitige Orientierung*« nennt. Und damit wird Sprache wirklich eine ganz konkrete Handlung:

Sprache provoziert Bindungen.

Aber diese Bindungen sind eben letztlich erregend, provozierend, ja z. T. sogar magisch im Sinne von Winograd und Flores, d. h., sie sorgen für das, was Heidegger als »*Zusammenbruch*« bezeichnet hat, also das *Zusammenkommen durch*

Brüche. Dementsprechend erzeugt eine symbiotische Sprache wechselseitige Orientierungen durch positive Zusammenbrüche der bestehenden Mental-Struktur. Kurz:

> **Die symbiotische Sprache benutzt den Sprach-Prozeß, um die Beteiligten mental zu destrukturieren.**

Die Theorie der Sprechakte geht also über das Informations-Modell, das bisher dominierte, weit hinaus und führt uns zu dem, was Maturana *»sprachliches Verhalten«* genannt hat.

Der symbiotische Verkäufer ist ein Meister des sprachlichen Verhaltens. Und das bedeutet, daß er fähig ist, über einen langen Zeitraum einen konsensuellen Verhaltens-Bereich herzustellen, in dem durch kooperative Interaktionen die positiven Zusammenbrüche im mentalen System des Kunden hergestellt werden können.

Neu: Manipulation, die nicht mit Überzeugung arbeitet.

Man sieht an dieser Stelle in Ansätzen auch ein *anderes Konzept von Manipulation.* Und auch die Linguistik verläßt damit die bisher dominierende Idee der *Überzeugung.*

Viele Verkaufsleiter und Manager glauben aber immer noch, daß Überzeugung das eigentliche Instrument des Verkaufens ist. Aber solange man Überzeugung abhängig macht von Kommunikation im klassischen Sinne, so lange kann man im Grunde keine höhere Manipulation betreiben.

Die symbiotische Manipulation, die ich hier meine, ist letztlich *die Stimulation von Selbst-Manipulation* durch Sprache. Und es ist absolut sicher, daß das, was Verkäufer und Verkaufsplaner als »das Überzeugende« erkennen und einsetzen, in der Regel zumeist nicht in der Lage ist, das zu manipulie-

ren, was Menschen wirklich manipuliert: *das Unsichtbare.*
Die Konsequenz daraus:

> **Wer auf Überzeugung setzt,**
> **verzichtet auf Manipulation.**

Das Unsichtbare zu stimulieren ..., das ist der Weg der Sprache zur Selbst-Manipulation. Und deshalb lege ich soviel Wert darauf, daß man mit den sechs symbiotischen Attraktoren arbeitet und nicht mit Argumentations-Taktiken, mit Sprach-Stricks oder mit »überzeugenden Botschaften«.

Heiko Hausendorf von der Universität Bielefeld bezeichnet als Linguistiker »das Gespräch als ein *selbstreferentielles System*«.

> **Je spontaner sich der**
> **Dialog entfaltet,**
> **um so mehr**
> **Gemeinsames entsteht.**

Hausendorf und andere haben Tonbandaufnahmen natürlicher Unterhaltungen analysiert. Und das Ergebnis war eine Art Schattenboxen. Eine ungeheuer intensive Zug-um-Zug-Dynamik herrscht vor. Je dynamischer und kreativer das Gespräch war, um so mehr rutscht es in die Zone des »Sichabwechselns«.

Was geschieht da eigentlich? Im Grunde stimuliert jeder der Beteiligten durch seine Sprechakte die Selbstreferenz des anderen. Nur so kann offensichtlich Co-Ontogenese oder Symbiose hergestellt werden.

> **Die Sprache hat eine Drift-Funktion**
> **und kaum eine Inhalts-Funktion.**

Die Sprache treibt die Selbstreferenz der Beteiligten immer weiter voran. Und durch die parallel stattfindenden *morphischen Resonanzen* gibt es immer mehr Chancen, daß sich diese

Selbstreferenzen verbinden, weil sie sich wechselseitig befruchten und provozieren. Und genau das ergibt dann die Syn-Referentialität: den Königsweg beim Symbiotic Selling.

Die Konsequenzen daraus:

DAS SPRACH-MODELL DES SYMBIOTIC SELLING

1. Die Forschungen der Linguistik zeigen uns, daß die Sprache nicht die Aufgabe hat, Bedeutungen und Inhalte zu ermitteln.

2. Dementsprechend ist es nicht die Aufgabe des Verkäufers, die optimale Überzeugung zum Inhalt seiner Sprech-Akte zu machen.

3. Vielmehr sollte der Verkäufer seine Sprech-Akte abhängig machen von den Chancen für wechselseitige Selbstreferenzen.

4. Der Fluß dieser Selbstreferenzen entscheidet über Inhalte, Stil und Zeiteinsatz der Sprechakte.

5. Die Sprache des Symbiotic Selling funktioniert nur innerhalb der Syn-Referentialität.

6. Nur innerhalb dieser Syn-Referentialität manipuliert Sprache.

Wenn man den letzten Satz einmal wirklich weiterdenkt, dann wird wiederum klar, warum ich es für so schädlich halte, die Mind-Cards der Verkäufer so zu programmieren, daß sie immer bessere Taktiker werden, sie also so zu formen, daß sie angeblich immer genauer wissen, mit welchen Sprach-Tricks und rhetorischen Methoden sie kommunikativ erfolgreich sind. Genau das scheint mir falsch, weil dadurch die *Offenheit für den syn-referentiellen Verlauf* entscheidend blockiert wird.

Aus meiner Sicht sieht das ganze Problem in etwa folgendermaßen aus: Viele Verkäufer entwickeln von sich aus sehr schnell ein Arsenal von Taktiken, Sprach-Figuren und rhetorischen Konzepten. Damit werden sie aus ihrer subjektiven Sicht immer besser und kenntnisreicher. Aber im Grunde versperren sie sich immer mehr den Weg zur Syn-Referentialität. Sie werden also immer inkompetenter beim gemeinsamen Produzieren von gemeinsamen Bedeutsamkeiten.

Eigentlich müßten sie also immer schlechter verkaufen und immer mehr versagen. Das tun sie aber in der Regel nicht.

Die wirklichen Könner sind so gut, daß sie die Tricks, die sie beherrschen, nicht einsetzen müssen.

Ich habe beobachtet, daß diejenigen, die den ganzen Trick-Apparat des Hard-Selling sehr gut beherrschen, meistens auch diejenigen sind, die über eine *höhere personale Komplexität* verfügen, also mehr Potentialität einbringen können, als ihre Techniken insgesamt repräsentieren.

Oder anders ausgedrückt: Nach meinen Beobachtungen sind nur diejenigen Spitzenverkäufer wirklich in der Lage, den ganzen Trick-Apparat parat zu haben, die im Niveau über diesem Trick-Apparat stehen.

Große Probleme habe ich aber immer dort beobachten können, wo »normale Verkäufer« diesen Trick-Apparat mehr oder weniger mühsam gelernt und trainiert haben, während sie zugleich aber das Unsichtbare (das sind die sechs Attraktoren) so gut wie gar nicht präsent haben.

Diese Verkäufer funktionieren meistens sprachlich nicht. Ihre Sprache mag noch so geschliffen und ihre Rhetorik noch so trainiert sein, sie finden den Weg nicht, der ihre Sprache in die symbiotische Ebene hineinträgt. Ihre Sprache klingt geschliffen, aber sie stimuliert nicht den mentalen Austausch.

Sie reden, aber sie reden nicht symbiotisch.

Die symbiotische Sprache ist das Instrument für Lifeware.

Da jeder Mensch die sozialen Beziehungen, die er täglich hat, benutzt, um sich im Mittelpunkt von Erzählungen zu erleben, versagt der aalglatte Verkäufer gerade dann, wenn es darum geht, Produkte im Sinne von *Lifestyle und Lifeware* zu interpretieren, was ja einer der generellen Trends der Zukunft sein wird.

Man könnte also formulieren, daß in denjenigen Märkten, in denen die *Produkte als Lifestyle-Agenten* funktionieren, das klassische, lineare Verkaufen vollkommen dysfunktional ist, selbst dann, wenn es handwerklich perfekt eingebracht wird. Es gilt deshalb:

Das perfekte Hard-Selling verhindert Life-Service.

Lifestyle-Märkte sind immer Orientierungs-Märkte und damit immer Märkte, in denen eine *permanente Trend-Entwicklung* vorherrscht, also Märkte, in denen immer wieder neue Zukünfte geboren werden. Und damit ist immer Leading Edge im Spiel, also die Grenze zur Zukunft. Und diese Grenze ist zugleich immer eine Grenze des Glaubens. Und eines zeigt die Sprachforschung ganz deutlich:

Man kann Menschen nur durch Symbiosen zu einem neuen Glauben führen.

Kenneth J. Gergen hat diesen Aspekt ausführlich durchleuchtet und darauf hingewiesen, daß erst an den Grenzen des Glaubens immer *der neue persönliche Sinn entsteht.* Wenn das Verkaufen also immer mehr in das Feld von Lifestyling und Life-Service hineinwandert – und das wird in den meisten Branchen der Fall sein –, dann geht es um diese Sinn-Produktion an der Leading Edge. Aus dieser Sicht ist jegliche Leading-Edge-Kommunikation

Die Analysen von Benjamin Lee Whorf, einem der bedeutendsten Linguister, zeigen, daß alle Sprachen mehr oder weniger stark die Tendenz haben, *die Vergangenheit zu betonen* und das Abstrakte zu verbildlichen. Das nennt man »Struktur-Ikonismus«. Das ist wohl auch der Grund dafür, daß unserer Kultur derzeit immer noch die *Sprache des Werdens* fehlt, also diejenige Sprache, die Evolution ausdrückt und Zukünfte stimuliert. Im Grunde sind wir also sprachlich sehr schlecht ausgestattet für das, worum es beim Verkaufen geht, nämlich Co-Ontogenese und Syn-Referentialität.

Wie kann man trotzdem erfolgreich an der Leading Edge arbeiten, also gemeinsam Zukünfte produzieren? Wie kann man es schaffen, daß zwischen Verkäufer und Kunden sozusagen eine

Mikro-Evolution per Sprache

stattfindet, obwohl es keine evolutionär-experimentelle Sprache in unserem Kulturraum gibt? Nun, ich habe mich mit dieser Frage sehr lange beschäftigt und bei meinen vielen Workshops immer mal wieder kleinere Experimente eingeschleust und dementsprechend natürlich viele, oft auch lustige Pannen erlebt.

Heute bin ich der Überzeugung, daß es doch geht. Aber es hat dann nichts mehr mit Sprache zu tun, wenigstens nicht im direkten Sinne, also inhaltlich. Man muß *die Sprache benutzen als Symbol* für etwas anderes, *was über der Sprache liegt.* Und meiner Meinung nach erzielt man als Verkäufer die besten Erfolge, wenn man durch Sprache das herstellen kann, was ich bereits schon einmal als *»öffentliche Intimität«* beschrieben habe.
Und das hat wiederum sehr viel mit dem sechsten Attraktor zu tun: die Inklusions-Codierungen. Hier benutzt man die

Sprache, um *spontane Gefühls-Gemeinschaften* herzustellen. Nach meinen Beobachtungen beginnt dann der Kunde, die Mikro-Evolution in seinem Mind selbst herzustellen, und zwar mit seinen eigenen sprachlichen Bausteinen, also auch mit seinen inneren Bildern.

> **Der Kunde erzeugt seine eigene Sprache für die neue Zukunft.**

Dabei ist es dann unerheblich, ob die sprachlichen Bausteine, die er benutzt, experimenteller und evolutionärer Natur sind oder statischer Natur.

Man kann also ganz offensichtlich auch mit nicht konservativen Sprachfiguren ins experimentelle Neue gehen . . . Voraussetzung dazu ist aber, daß der Verkäufer, der redet und stimuliert, immer die öffentliche Intimität wachhalten kann, damit der Kunde seine Zukunft selbst erfinden kann.

Lassen Sie uns an dieser Stelle konkret fragen, wie denn diese *Inklusions-Codierung*, auf die es hierbei ankommt, entsteht. Meine Antwort kennen Sie: Sie entsteht synergetisch aus den fünf anderen Attraktoren, sie ist sozusagen das endgültige Bilanz-Ergebnis der anderen Attraktoren. Dementsprechend ist sie nicht nur im Feld des Unsichtbaren plaziert, sondern sie ist auch in gar keiner Weise operational: Das Eigentliche entsteht als Quintessenz, ohne daß der Verkäufer dafür real etwas tut.

Ich möchte an dieser Stelle zusammenfassen:

1. **Es hat keinen Sinn, eine Sprache entwickeln zu wollen, die evolutionär ist und wirkt. Der evolutionäre Prozeß der Syn-Referentialität kann derzeit noch nicht mit einer eigenständigen evolutionären Sprache gesteuert werden.**

2. **Also verläuft das, was wir als Experiment und Evolution im Sinne des symbiotischen Verkaufens stimulieren wollen, nicht direkt im sprachlichen Prozeß.**

3. Es stellt sich in der mentalen Eigendynamik des Kunden her, ist also durch Sprache stimuliert, wird aber nicht durch Kommunikation inhaltlich direkt transportiert.

4. Was der symbiotische Verkäufer allerdings tun sollte, ist, die mentale Eigendynamik, die im Kopf des Kunden abläuft, so kraftvoll wie möglich zu unterstützen ..., zu stimulieren.

5. Das entscheidende Instrument dafür sind die symbolischen Codierungen, die man durch Sprache durchführen kann.

6. Will man die Mikro-Evolution des Kunden steuern, benötigt man eine Codierung der Intimität: die Inklusions-Codierung.

7. Die Inklusions-Codierungen sind nicht linear oder strategisch einsetzbar, sondern entstehen als Resultante aus den fünf Attraktoren, die das Fundament des Symbiotic Selling sind.

Warum man erzählen sollte, statt überzeugen zu wollen.

Die Inklusions-Codierungen erzeugen also den Prozeß der Mikro-Evolution, die im Kopf des Kunden stattfindet. Und nun stellt sich zusätzlich die Frage, wie man als Verkäufer *die Richtung dieser Mikro-Evolution* mitbestimmen kann. Konkret: Was kann der Verkäufer tun, damit die inneren experimentellen Prozesse des Kunden in etwa dort landen, wo er sie gern haben möchte?

Hier betont die Linguistik den großen Wert der *narrativen Dimension* des Redens. Unter »narrativ« versteht man einen betont »erzählenden« Duktus der Sprache. Das deckt sich mit dem, was ich schon einmal angedeutet habe: Der symbiotische Verkäufer erzählt die neuen Märchen möglicher Zukünfte. Er operiert nicht logisch, sondern spielerisch.

Jean-François Lyotard (»Das postmoderne Wissen«, Wien 1986) hat darauf hingewiesen, daß der narrative Duktus, wenn er richtig eingesetzt wird, ideal ist, um den Beteiligten die »*Gleichartigkeit des Status*« zu garantieren:

Wer erzählt, erzeugt Intimität.

Wenn man also die neuen Märchen der Zukunft erzählt – wozu der Verkäufer ein permanentes Zeitgeist-Monitoring als Basis benötigt –, dann treffen sich Redner und Zuhörer immer in einem *Feld höchster Subjektivität.*

Wie wir gesehen haben, behaupten die führenden Gehirnforscher, daß ohnehin Subjektivität das vorherrschende Merkmal für den mentalen Prozeß der kontinuierlichen Selbstherstellung von Welt sei. Ausgetauschte Subjektivität erzeugt Autopoiese.

Die Symbiosen entstehen durch die Intimität der Erzählungen.

Das, was das Gehirn dann als »seine Welt« konstruiert, ist ohnehin permanent im Fokus des Subjektiven. Das Subjektive im Dialog auszutauschen ist wiederum Intimität, die öffentlich wird. Also entsteht die gemeinsame Zukunft (Symbiose) durch *gemeinsam erlebte Intimität* im Fluß der Gespräche, die spielerische Erzählungen sind und keine knallharten Argumentationen.

Es ist nun die Aufgabe dieser Gespräche, dafür zu sorgen, daß diese Intimität immerzu bewahrt wird. Deshalb das Narrative. Deshalb die Geschichten, die spontanen kurzen Erzählungen von fremden Zukünften . . ., je besser der Verkäufer von den Möglichkeiten erzählt, um so mehr Intimität wird hergestellt:

> **Wer glasklare Überzeugungs-Argumente einsetzt, versperrt sich den Weg zur Intimität.**

Alles in allem: Der symbiotische Verkäufer benutzt die Erfindung von Zukünften als ideale Perturbation. Aber er erzählt sie dekomponiert wie spontane Mini-Märchen, getreu dem Credo:

> **Wenn das Leben subjektiv wird, kehrt das narrative Wissen wieder . . ., der symbiotische Verkäufer ist der Erzähler von Möglichkeiten.**

Welche Persönlichkeit braucht der symbiotische Verkäufer?

Der symbiotische Verkäufer arbeitet mit Zukunfts-Partnerschaften. Wie wir gesehen haben, muß er deshalb seine Rhetorik umstellen auf das Stimulieren von Zukünften und das Erzählen von neuen Möglichkeiten.

Das sind alles rhetorische, also kommunikative Aspekte. Lassen Sie uns jetzt prüfen, welche *persönlichkeits-psychologischen Aspekte* ebenfalls berücksichtigt werden müssen, damit aus einem guten Verkäufer ein noch besserer symbiotischer Verkäufer wird.

Vielleicht beginnen wir wieder mit der Erkenntnis, daß die Technik der Symbiosen vom Verkäufer verlangt, »anschlußfähige Andersartigkeiten« (Frank Boos) per Kommunikation in dem mentalen System des Kunden zu plazieren. Das ist also eine Mischung aus Erfindung, Stimulation (Provokation), Konsens und Verschmelzung.

Und besonders der letzte Aspekt erscheint mir für die Persönlichkeit des neuen Verkäufers von besonderer Bedeutung, also

die Frage: Welches Selbst-Konzept ist *ideal für Verschmelzung?* Oder anders gefragt: Welches Selbst verhindert die teilnehmende Verschmelzung, also die Symbiose?
Zuerst sollte man berücksichtigen, was die Systemforschung dazu sagt:

- **Eine komplexe Dynamik kann nicht außerhalb ihrer Eigendynamik gesteuert werden.**

- **Also muß sich derjenige, der steuern will, in die fremde Eigendynamik integrieren (strukturell koppeln).**

- **Die Integration in diese Eigendynamik gelingt dann am besten, wenn man Interfusion oder Mimesis betreibt, also teilnehmende Verschmelzung.**

- **Teilnehmende Verschmelzung wird organisiert über den Aufbau gemeinsamer Realitäten.**

Wenn nun ein Verkäufer mit diesen Gesetzmäßigkeiten klarkommen will, dann braucht er das, was ich schon einmal als Begriff eingeführt habe, nämlich Open Mind. Denn es gilt das Gesetz »Je mehr Leben, um so mehr Paradoxa«. Wer die Welt verstehen will, muß ihre ganze Unlogik lieben können.

Für das Persönlichkeits-Konzept des neuen Verkäufers bedeutet das, daß er sein Gehirn deutlich umprogrammieren muß, und zwar auf *»mehr Paradoxa«:*

> **Je mehr Paradoxa im Gehirn des Verkäufers präsent sind, um so mehr Leben lebt in seinem mentalen System.**

> **Je mehr Leben er mental repräsentiert, um so leichter wird für ihn die teilnehmende Verschmelzung durch gemeinsame Realitäten.**

Aus dieser Sicht wird nun verständlich, warum ich beim Verkäufer-Training immer so vehement dafür plädiere, daß die Verkäufer sich *nicht zum Konservativismus entwickeln.* Ich sage dann immer: Ein Verkäufer sollte seriös und konservativ gekleidet sein, seine Sprache sollte die Sprache der Inklusions-Codierung sein (also die sechs Attraktoren beinhalten), aber sein Geist sollte *offen und wild* sein, ja, offen und wild!

Man kann das wieder auf Basis der Neuro-Forschungen von Professor Edelman begründen. Seiner Meinung nach baut jeder Mensch im Laufe seines Lebens Mind-Cards auf, die fähig werden, das permanent Wilde und Paradoxe im täglichen Leben wegzudrücken und zu ordnen. Es entsteht somit *ein formierter Mind.*

Edelman beschreibt das als einen Prozeß, in den die Mind-Cards, die ein Mensch im Gehirn besitzt, beginnen, sich miteinander zu unterhalten, oder – anders ausgedrückt – die mentalen Ordnungs-Systeme im Gehirn beginnen eine noch verbindlichere Ordnung herzustellen. Ich nenne das:

Der Mensch beginnt zu tunneln.

Nach den Forschungen von Edelman gibt es prinzipiell immer diese negative Tendenz der Mind-Cards, sich miteinander so zu verbinden, daß die Welt immer klarer wird, als sie ist, und daß die Dinge langsamer und ruhiger laufen, als sie wirklich laufen.

So ein formiertes Gehirn ist im Grunde eine Art Meta-Mind-Card, die nur ein einziges Programm kennt: »Töte alles, was paradox ist, wo immer du es triffst.«

Und genau diese mentale Innen-Ausstattung führt dann zu einem Selbst-Konzept, das für den neuen Verkäufer außerordentlich problematisch und schädlich ist. Man muß ja bedenken, daß das, was ein Mensch als *sein Ich* erlebt, nicht etwa eine tatsächlich existierende Größe darstellt, sondern lediglich *sein mentales Programm.*

Das Ich ist die Selbst-Beobachtung des bisher gelebten Lebens, ist also diejenige Illusion, die sich durch das Leben bestätigt. Fast alle renommierten Neurologen gehen inzwischen davon aus, daß es *kein wirkliches Ich gibt,* sondern nur einen Illusions-Prozeß, der immer wieder unsere Identität herstellt.

Also kann man sagen, daß die Persönlichkeit des Verkäufers sehr stark abhängig davon ist, wie er seine Mind-Cards aufbaut. Mit einem formierten Mind, in dem alle Mind-Cards mehr oder weniger gemeinsam tunneln, kann man in unserer paradoxen und telematischen Welt immer weniger klarkommen.

Der formierte Mind versagt, wenn man als Verkäufer täglich in neuen paradoxen Konstellationen steht. Und wer mit Menschen zu tun hat, steht täglich vor vielen Paradoxa. Menschen sind Leben, und »Leben ist prinzipiell paradox« (Simon).

Das ist auch der Grund dafür, weshalb immer mehr Jugendliche entsprechend den Untersuchungen von Professor Wässle ein neues Gehirn entwickelt haben, also ein Gehirn, das sie fit macht für die tägliche Evolution. Das ist ein Gehirn, das sie fit macht für das Erfinden von Zukünften durch Paradoxa,

> **Die Mind-Cards, die der Verkäufer für sich aufbaut, entscheiden darüber, ob er Leben verkaufen kann.**

also das, was man heute ein »*Erregungs-Gehirn*« nennt.

Dieses Gehirn, das sich nun in der Jugend-Kultur mehr und mehr entfaltet und durchsetzt, ist so *eine Art Prototyp* für diejenige Mind-Qualität, die ich dem symbiotischen Verkäufer dringend ans Herz legen möchte (oder ins Gehirn hineintragen möchte). Es ist das Konzept des Open Mind.

187

Prüfen wir, wie unterschiedlich diese beiden Gehirn-Typen arbeiten. Der formierte Mind setzt auf Tunnelung, um die Welt zu beherrschen. Das Ergebnis ist: Je fester und klarer dieser Mind-Tunnel wird, um so mehr Unbekanntes entsteht subjektiv für den Menschen. Und das erzeugt meistens ein permanentes *Wachstum von unterbewußter Angst* und Abwehr. Und daraus ergibt sich ein negatives Selbst-Konzept:

Der formierte Mind führt zu einem naiven Konservativismus: Eine Mischung aus unbewußter Angst und rigider Abwehr aller Paradoxa entsteht.

Subjektiv haben Menschen, die mit dem formierten Mind operieren, natürlich ganz andere Erlebnisse. Für sie wird die Welt immer klarer, und sie erkennen immer mehr Prinzipien und eherne Gesetze. Sie haben das Gefühl, daß sie immer mehr verstehen von der Welt, also immer klüger werden. Ganz im Gegensatz dazu hat der Psychologie-Professor Streuffert analysiert, daß der konservative Mensch im Laufe seines Lebens insofern immer dümmer wird, als er mental immer weniger Komplexität verarbeiten kann.

Fazit:

Diejenigen, die subjektiv glauben, die ganze Welt zu durchschauen, bekämpfen die Zukunft, weil sie keine Zukünfte mehr sehen wollen.

Das ist also die Mind-Persönlichkeit, die ganz deutlich unbrauchbar sein wird, wenn die Entwicklung immer mehr zum symbiotischen Verkaufen läuft. Deshalb ist Open Mind das bessere Persönlichkeits-Programm. Lassen Sie uns das nun ein wenig näher betrachten.

Wenn jemand einen Open Mind aufbaut, dann hat er *keine klare Ich-Identität mehr.* In seinem Kopf existieren nicht mehr tunnelnde Mind-Cards, sondern fluktuative, *wandern-*

de Mind-Cards. Und somit wandern auch seine Standpunkte, Welten und Sichten. Oder anders ausgedrückt:

Wer mit dem Open Mind operiert, wird zur Persönlichkeit der guten Paradoxa.

Wenn die Mind-Cards wandern, bleibt das mentale Feld offen. Je offener das mentale Feld ist, um so weniger Unbekanntes erlebt der Mensch. Das ist ja gerade das Interessante: Beim formierten Gehirn entsteht subjektiv immer mehr Bedrohung durch Unbekanntes.

Beim Open Mind reduziert sich das Unbekannte im Laufe des Lebens. Wir hatten gesagt: »Je mehr Leben, um so mehr Paradoxa.« Und nun erkennen wir: Je paradoxer eine Persönlichkeit wird, um so mehr vom Leben versteht sie. Und je mehr sie vom Leben versteht, um so weniger Unbekanntes erlebt sie.

Fazit:

Open Mind erzeugt das Vertrauen zur Zukunft.

Gesucht wird also ein Selbst-Konzept, das auf fluktuativen, wandernden Mind-Cards steht, also ein Ich, das die Welt nicht anhalten und *die Zukunft nicht töten muß,* um sich als stabile Identität zu erleben. Und diejenigen, die diese fluktuative, offene Identität aufbauen können, sind *ideal für die Vielheit der Welt,* und damit haben sie die ideale Persönlichkeit für das symbiotische Verkaufen.

Aber es kommt noch etwas dazu: Wer mit dem Open Mind operiert, kann auch das narrative Element der Sprache besser einsetzen. Er kann besser verbal stimulieren und besser spontan erfinden. Man kann sagen:

Diejenigen Menschen, die die Welt als ein wachsendes Paradoxon akzeptieren, lieben die Zukunft.

189

Wer die Zukunft liebt, erfindet gern neue Zukünfte.

Wer dagegen mit dem formierten Mind arbeitet, bekämpft die Zukunft. Wer mit dem Open Mind arbeitet, stimuliert die Zukunft. So einfach ist das, und trotzdem ist es sehr schwer, ein Mental-Training aufzubauen, das diejenigen Mind-Cards entwickelt, die den Mind offenlassen.

Wenn man also symbiotisch verkaufen will – also über Zukünfte –, dann muß man ein Persönlichkeits-Konzept entwickeln, das voll und ganz auf Zukunfts-Liebe ausgerichtet ist, also *eine Selbst-Konzeptualisierung* vornehmen, für die es auch schon bereits einen Begriff gibt:

die Edge-Persönlichkeit.

Psychologen beschreiben unterschiedliche Attribute, die dazugehören, so z. B. »spontane Lernfähigkeit«, »hohe kognitive Komplexität«, »Sensitivität« oder auch »psychische Flexibilität«.

Aber mit derartigen Auflistungen der Attribute ist es noch nicht getan. Das beschreibt nur die Dimensionen einer Edge-Persönlichkeit, aber wir brauchen viel mehr:

Die Persönlichkeit des Verkäufers muß zum Attraktor aller Zukunfts-Möglichkeiten werden.

Er muß also ein Repräsentant dessen sein, was man die »*ungeborene Zukunft*« nennt, also Potentialität. Und er muß das gar nicht alles immer im Kopf haben und minutiös erklären können und didaktisch inszenieren können. Gerade das muß er nicht. Wie wir gesehen haben, geht es mehr um die *morphische Resonanz* und damit um das Unsichtbare, das besonders wirksam ist, weil es die sechs Attraktoren in sich vereint.

Und deshalb hat das alles nichts mit Kommunikation oder Verhaltens-Training zu tun. Ganz im Gegenteil: Wenn eine Persönlichkeit zur Quelle von Zukunfts-Möglichkeiten werden will, dann muß sie in erster Linie diejenigen *Glaubens-Systeme* im Kopf haben, die Open Mind repräsentieren. Sein äußeres Verhalten wird nicht sehr viel anders werden. Aber sein inneres, mentales Verhalten wird eine andere Qualität aufweisen.

Um das anschaulich zu machen, habe ich den berühmten Modeschöpfer Karl Lagerfeld analysiert. Der hat in einem *SPIEGEL*-Interview aufgrund der bohrenden Fragen der Interviewer gewollt oder ungewollt ziemlich viel von seinem inneren Glaubens-System preisgegeben und damit zugleich auch demonstriert, daß er ein typischer *Repräsentant der Edge-Persönlichkeit* ist. Er lebt den Open Mind. Lassen Sie uns einige Facetten konkretisieren:

1. *Realität wird als Gegner erlebt.*

   Als ihn die *SPIEGEL*-Interviewer auf Pragmatik und »Down-to-earth« runterholen wollten, antwortete Lagerfeld: »*Die Realität ist doch genau das, was ich versuche zu vermeiden.*« Ein typisches Beispiel für Open Mind. So einen Satz kann niemand ernsthaft sagen, der nicht ein relativ komplettes Open-Mind-Programm im Gehirn hat.

2. *Wahrheiten gelten nur auf Zeit.*

   Die *SPIEGEL*-Interviewer wollten Lagerfeld festnageln auf verbindliche Aussagen, also auf Wahrheit. Lagerfeld dagegen hat längst Wahrheit eingetauscht zugunsten dessen, was die systemische Forschung »Viabilität« nennt, also Brauchbarkeit.

Lagerfeld: »*Was ich sage, ist nie länger gültig als sechs Monate.*« Wer eine solche Antwort gibt, hat kaum Tunnel-Effekte in seinen Mind-Cards, sondern hat wandernde Mind-Cards, die ihm helfen, sich persönlich immer wieder von den aktuellen Wahrheiten zu ent-glauben. Nur das macht ihn frei für das Neue.

3. *Die Identität ist fluktuativ.*

Natürlich wollten die *SPIEGEL*-Redakteure diesen Mann irgendwie in den Griff bekommen, aber er ist ihnen immer wieder ausgewichen, weil er seinen Mind schon sehr weit in Richtung der »Multiphrenie« (Kenneth J. Gergen) entwickelt hat, d. h., er muß nicht mehr die Welt ordnen, um sein Ich ordentlich erleben zu können.

Lagerfeld: »*Ich bin das Ergebnis einer totalen Improvisation . . ., ich bin ein Chamäleon.*« Wer einen solchen Satz mit Überzeugung sagen kann, hat eine ziemlich komplette Edge-Identität, d. h., er kann sein Ich immer dort mit hinnehmen, wo im Moment am meisten evolutionäre Energie ist. Sein Ich kann mit den paradoxen Bewegungen der Welt identisch werden.

4. *Auflösung ist das zentrale Programm über den Programmen.*

Lagerfeld beschreibt in dem Interview indirekt, daß seine Selbst-Stimulation wichtiger ist als alles andere. Er ist so weit paradox programmiert, daß er Formung und Auflösung parallel, d. h. zeitgleich nebeneinander verwirklichen kann. Damit öffnet er immer wieder seinen Geist. Oder anders ausgedrückt: Die permanente Auflösung dessen, was er formt, verstärkt konsequent die höhere Mind-Card der Auflösung. So wird er nie tunneln, konservativ werden und damit eng-dogmatisch. Originalton Lagerfeld: »*Ich muß immer zerstören, was ich gerade gemacht habe.*«

Alles in allem wird hier auch sichtbar, wieviel *»soziale Weisheit«* in diesem Persönlichkeits-Konzept enthalten ist. Menschen mit einem Open Mind wirken deshalb für andere Menschen als weise, weil sie kaum wirklich fähig sind zur *Prinzipien-Reiterei.* Sie sind weder dogmatisch noch desinteressiert. Ihr Mind ist da, ohne zu dominieren. Wenn sie tolerant sind, dann nicht etwa deshalb, »weil es jetzt klug ist, auf tolerant zu machen«, sondern weil sie die anderen Welten, die andere Menschen repräsentieren, genauso beleben können wie ihre eigenen Welten.

Weisheit ist ja im Prinzip nichts anderes als diese mimetische, verschmelzende Fähigkeit. Oder anders ausgedrückt:

Weisheit ist die bewußte Verstärkung des Gegenteils.

Und diese soziale Weisheit kann man nicht vorgaukeln. Man kann sie nicht clever schauspielern. Man kann sie nicht aus Verkaufsbüchern trickreich abkupfern, zumal sie auch nicht in den Bestsellern des Verkaufens beschrieben wird.

Was wir hier entdecken, ist eine Persönlichkeits-Komponente, die sich erst dadurch entfaltet, daß die Mind-Cards auf Offenheit umprogrammiert worden sind. Und – wie gesagt – es ist überhaupt nicht wichtig, daß der symbiotische Verkäufer seine »soziale Weisheit« in irgendeiner Form kommunikativ rüberbringt. Sie bleibt meistens unsichtbar, während sie zugleich in allen Interaktions-Prozessen mit dem Kunden voll wirksam integriert ist.

Wie kommuniziert man das Unsichtbare?

An dieser Stelle möchte ich noch einmal ein Plädoyer wagen für die *»morphische Resonanz«* (Sheldrake). Dieser Effekt ist einmal wie folgt beschrieben worden: Wenn bei der Orchester-Probe der Mann, der die Pauken bedient, seine Felle stimmt, dann schlägt er immer wieder kräftig auf die Pauke.

Und bei allen Saiten-Instrumenten ergibt sich sofort eine adäquate Resonanz, d. h., die Saiten schwingen in einer analogen Frequenz.

Für mich ist immer wieder erstaunlich, daß die Superstars des Verkaufs intuitiv sehr genau Bescheid wissen über dieses Indirekte und Unsichtbare. Aber irgendwie scheuen wir uns alle, das auszusprechen. Vielleicht deshalb, weil wir uns so passiv dabei vorkommen, denn die Effekte der morphischen Resonanz sind nun einmal extrem indirekt, d. h., sie entziehen sich weitestgehend der Planung und der strategischen Operationalität:

> Vielleicht schämen wir uns alle, einen Faktor in den Mittelpunkt von Spitzenleistungen zu stellen, der so wenig machbar zu sein scheint.

Inzwischen hat sich auch die Neurologie an dieses Feld herangewagt, und zwar unter dem Stichwort *»Empathie«*. Hier vermutet man eine Art *»Urform der zwischenmenschlichen Kommunikation«*, also eine Art Sprache ohne konkretes Sprechen.

Die Neuroforscher sind darauf gekommen, als sie Menschen mit neurologischen Sprachhemmungen analysiert haben. Das wird meistens durch einen Schlaganfall ausgelöst. Die Menschen können dann so gut wie gar nicht mehr reden. Und damit beginnt sich die abstrakte Denk-Ebene im Gehirn aufzulösen.

Man weiß heute, daß Sprache unser Denken permanent in Richtung Vergangenheit und Abstraktheit hineinschiebt. Wenn nun ein Mensch über einen längeren Zeitraum nicht mehr auf normalem Niveau spricht, dann kommt eine *andere Form von Wahrnehmungs-Qualität* wieder hoch, die sonst von den abstrakten Sprach-Denk-Vorgängen prinzipiell immer unterdrückt wird: die empathische Wahrnehmung.

Der Schweizer Neuropsychologe Martin Keller hat hier Pionier-Arbeit geleistet, u. a. indem er die rechte und die linke

Gehirn-Hemisphäre in bezug auf ihre Wahrnehmungs-Unterschiedlichkeiten analysiert hat. Keller: »Die linke Seite versteht nicht, was die rechte wahrnimmt. Wenn das spontane Emotionale nicht ins logische Schema paßt, muß es immer noch im Rahmen des schon programmierten Denkens erfaßt werden.« Sprache manipuliert also Denken. Und Denken manipuliert auch diejenigen Emotionen, die nicht im Feld der Logik entstehen.

Aber es gibt permanent *unmittelbare Kommunikation,* also Gefühls-Kommunikation zwischen Menschen und Gruppen außerhalb der Logik von Sprache. Und wenn nun die Sprache zurückgedrängt wird, dann werden diese *»spontanen Wahrnehmungen«* plötzlich wieder ganz genau sichtbar. Mit anderen Worten:

RESONANZ ALS INSTRUMENT DES SYMBIOTISCHEN VERKAUFENS

- Im Grunde vollziehen sich permanent empathische Wahrnehmungs-Prozesse zwischen Menschen.

- Hauptsächlich Emotionen werden hierüber ausgetauscht, z. B. Emotionen des Vertrauens, der Sympathie und der Kooperation.

- Unser Gehirn berichtet uns aber so gut wie gar nichts über diese empathischen Wahrnehmungs-Prozesse, weil wir unser Gehirn kulturell darauf programmiert haben, uns nur das zurückzumelden, was im Feld der Logik geschieht.

- Das Unsichtbare ist deshalb wirklich für uns unsichtbar, obwohl es emotional oft in gesteigerter Form da ist und ausgetauscht wird.

Nun erkennen wir sehr genau, warum es für das symbiotische Verkaufen so wichtig ist, daß die Persönlichkeit stimmt oder daß – wie man so gern sagt – *»die Chemie stimmt«:*

> Wer Symbiosen steuern will, arbeitet überwiegend über die empathische Ebene . . ., er arbeitet mit Resonanzen.

> Wer die empathische Ebene zu seinen Gunsten gestalten möchte, benötigt Open Mind und soziale Weisheit.

Open Mind als Persönlichkeits-Konzept. Und soziale Weisheit als Botschaft jenseits der mündlichen Kommunikation. Darum geht es.

Beim Open Mind gibt es noch eine weitere Dimension, die für die Persönlichkeit des Verkäufers wichtig ist, nämlich *die Transzendenz sich selbst gegenüber.* Open Mind bedeutet nicht nur, daß man ein großes Fenster zur Zukunft aufmacht, also ein Liebhaber der Zukunft wird, sondern bedeutet auch, daß man *seine eigenen Rollen* im Spiel der Syn-Referentialität einigermaßen erkennen kann.

Je mehr Selbst-Transzendenz eine Persönlichkeit aufgebaut hat, um so mehr Distanz zu sich selbst und Absichtslosigkeit kann sie repräsentieren. Das Ideal ist also ein Open Mind in bezug auf die Welt und ihre Zukunft ebenso wie ein Open Mind in bezug auf das Ich, also die Rollen, die das Ich spielt. Wenn man dieses in eine Metapher kleiden möchte, dann würde man in etwa folgendes erhalten:

> Ich bin der Drehbuch-Autor, der ein Drehbuch dadurch schreibt, daß er als Regisseur derjenige Schauspieler ist, der sich selbst als Publikum betrachtet.

Es gibt auch schon die ersten Pioniere, die auf diesem Gebiet wissenschaftlich forschen, so z. B. Howard Gardner, der das Konzept der *erweiterten Intelligenz* entwickelt hat. Oder

Robert Ornstein mit seiner Konzeption des *Multi-Mind.*
Oder Kenneth J. Gergen mit seinem Konzept der positiven
Multiphrenie.

Was diesen Forschern gleichermaßen aufgefallen ist, ist die
nicht mehr zu übersehende Tatsache, daß unsere westliche
Kultur ganz offensichtlich einen strammen Marsch begonnen
hat, der zu einer *Vervielfachung der Ichs* führen wird, damit
wir eines Tages mit der von uns geschaffenen Komplexität
besser leben und umgehen können.

Für den symbiotischen Verkäufer ist es deshalb ratsam, so
früh und so entschlossen wie möglich ebenfalls in diese Richtung zu gehen.

> **Wenn der Geist des Verkäufers erst einmal tunnelt,
> kann er so gut wie nie mehr den Weg
> zur Empathie finden.**

Deshalb empfehle ich, daß der Verkäufer sein *Mental-Training* so aufbaut, daß er sich eines Tages selbst durchschauen
kann, so daß seine vielen Ichs sichtbar werden, die als »*Mind-
Agents*« (Marvin Minsky) ohnehin permanent im Spiel sind.

Wenn der symbiotische Verkäufer diese Multi-Mind-Qualität in
seiner Person aufgebaut hat, dann wird er über Empathie und
morphische Resonanz ausgesprochen positiv arbeiten können,
weil er dann ganz indirekt zu einem *Führer zur Multiphrenie*
wird. Er hat dann sozusagen bereits einen Schritt vollzogen, den
andere Menschen erst tastend und zögernd angehen.

Mental-Training führt zu einem neuartigen Charisma.

Die Botschaft, die er ungesagt (also morphisch) somit einbringt, ist *die Botschaft seines Expanded Self.* Dieses Selbst
wird sozusagen zum Inhalt einer unsichtbaren Botschaft. Der
Historiker James McGregor hat analysiert, daß dadurch eine
spezielle Form von Charisma entsteht, nämlich das

Wir sind hier bei einem ganz wichtigen, aber zugleich auch heiklen Thema. Nach James McGregor gibt es im Grunde nur zwei Grundtypen von Leadership und Charisma:

Da ist zuerst einmal der *transaktionale Führer.* Dieser operiert in etwa so, wie wir es vom Hard-Selling und Soft-Selling kennen. Er analysiert, wo die Leute stehen, also was sie derzeit meinen und glauben. Und dann versucht er, dieses soweit wie möglich widerzuspiegeln. Die Transaktion, mit der er arbeitet, ist also eine Rückbestätigung.

Ganz anders arbeitet der *transformatorische Führer.* Er führt auch, aber auf einer höheren Ebene, weil er Empathie und morphische Resonanz ebenso einsetzt wie Vision und Strategie. Gandhi, Lincoln, Churchill oder Martin Luther King waren solche transformatorischen Leader. Das Besondere – und das kann man heute noch erleben – ist die Tatsache, daß sie *irgendwie zeitlos bleiben,* d. h., wir haben auch heute noch das Gefühl, daß sie uns führen, obwohl sie längst tot sind.

Das transformatorische Charisma, so schreibt McGregor, »berührt unseren Sinn für Menschlichkeit«. Wir erleben diese Führer deshalb *»als nicht getrennt von uns«,* obwohl sie in ihrer Rolle und Funktion oft sehr weit von uns distanziert sind. Mit anderen Worten:

Das transformatorische Charisma führt die Menschen zum Ideal der Menschlichkeit.

Dieses Charisma arbeitet mit der Erweckung von Empathie.

Nun ist nicht jeder Verkäufer aufgerufen, ein großer Held à la Gandhi zu werden. Und nicht jeder, der gut verkauft, muß auch ein Leader der Transformation werden. Aber dennoch kann man von diesen Analysen über Charisma sehr viel lernen: Je mehr es dem symbiotischen Verkäufer gelingt, die unbekannten Ideale und Sehnsüchte des Kunden zur »morphischen« Resonanz zu führen, um so mehr Leadership kann er in den Verkaufs-Prozeß einbringen.

Das ist nun ein ganz kniffliges Thema. Denn es stellt sich die Zielsetzung, die nicht bekannten Sehnsüchte sozusagen von außen zu aktivieren, also etwas anspringen zu lassen, das man als Verkäufer gar nicht kennt.

Hier versagt jegliche Trickkiste. Hier gibt es auch keine Kommunikation. Hier reicht auch das neue Credo »Besser zuhören« nicht aus. Und hier hilft auch der häufig gehörte Appell nicht: »Dialogfähiger werden«.

Was wir hier vorliegen haben, ist eine Mischung, die aus Persönlichkeit und Empathie besteht. Die Persönlichkeit, die für den symbiotischen Verkäufer ideal ist, entsteht – wie gesagt –, wenn man die sechs Attraktoren in sich aufnimmt und zum Blühen bringt, also Absichtslosigkeit, Zukunfts-Reichtum, stimulative Sprache, Liebes-Charisma, Glücks-Energie und Inklusions-Codierung.

Und Empathie? Morris definiert es als »Verstehen, das so intim ist, daß die Gefühle, Gedanken und Motive einer Person ohne weiteres vom Gegenüber verstanden werden können«.

Nun, das beweist, daß der symbiotische Verkäufer über ein hohes Maß an Empathie verfügen sollte. Aber das reicht noch nicht. Dann versteht er »nur« die intimen Gefühle, Sehnsüchte und Motive des Kunden. Das ist bereits die halbe Miete, aber eben nur die halbe. Was kann der symbiotische Verkäufer tun, damit *auch der Kunde* im Gespräch ein höheres Maß an Empathie entwickelt? Die Frage ist: Wie kann man als empathischer Verkäufer *die Empathie des Kunden erwecken…*, weil erst dann vollendete Co-Ontogenese oder Symbiose möglich wird?

Die wichtige Rolle des Nicht-Wissens.

Im Moment entwickelt sich hier unter dem Stichwort »Systemische Therapie« ein neuer Ansatz, so z. B. von Harlene Anderson vom Houston-Galveston-Institut. Diese Theorie geht davon aus, daß Empathie und ähnliche Qualitäten gesteigert werden können, wenn der Handelnde, also in unserem Fall der Verkäufer,

die Position des Nichtwissens einnimmt.

Wie Anderson und Goolishian (»Human Systems as Linguistic Systems«, 1988) analysiert haben, stimuliert diese Position unbewußt einen permanenten gleichrangigen und *wechselseitigen Suchprozeß*. Wer diese Haltung im Gespräch einnimmt (was zu Beginn sehr viel Mut und später etwas Übung benötigt), stimuliert beim Kunden das »Suchen nach Verstehen«. Er aktiviert beim Kunden diejenigen Mind-Cards, die auf Zukunft und Experiment programmiert sind.

Das ist mehr, als derzeit en vogue ist, nämlich *geschickte Dialog-Techniken*, z. B. mit dem Instrument des *NLP* (Neurolinguistische Programmierung). Es ist im Grunde überhaupt keine kommunikative Technik, sondern eben nur eine Position, die zu einer natürlichen inneren Haltung wird, die des bewußten Nichtwissens.

Die bisherigen Analysen hierzu haben gezeigt, daß diese Haltung auch den *narrativen Duktus* der Kommunikation sehr begünstigt. Es stimuliert sozusagen beide Seiten, frei weg zu erzählen, völlig ungeschützt, ohne Maske . . ., also *dekomponiert zu kommunizieren*.

Beim symbiotischen Dialog sind nicht die Inhalte wichtig, sondern die Menschlichkeit, die durch Sprache ausgetauscht wird.

Betrachtet man später die effektive Ausbeute eines solchen narrativen Gespräches, so ist man inhaltlich meistens enttäuscht. Es wurde viel geredet und wenig gesagt. Darauf weisen auch Anderson und Goolishian hin. Aber was im Hintergrund passiert, ist oft wirklich phänomenal:

> **Beide Beteiligte erkunden die Quellen des noch nicht Gesagten, das sich in ihrem Mind verbirgt.**

Alles in allem: Die Persönlichkeit, die man braucht, um ein hervorragender symbiotischer Verkäufer zu werden, ist nicht unbedingt die Persönlichkeit, die als Ideal aus den vielen Verkaufsbüchern herausgefiltert werden kann. Das Selbst-Konzept des symbiotischen Verkäufers wird nicht so tough, clever und aktiv sein können, wie es für die Hard-Seller typisch zu sein scheint.

Ganz im Gegenteil deutet sich hier eine Persönlichkeits-Qualität an, der eine Verbindung repräsentiert zwischen höchster Zukunfts-Intensität (Open Mind) und höchster Weisheit (Position des Nichtwissens). Wir erkennen also:

> **Der symbiotische Verkäufer ist kein brillanter Redner. Er ist eine Persönlichkeit, die das Nicht-Sagbare durch sich sprechen läßt.**

Der symbiotische Verkäufer als Produzent neuer Zukünfte.

Aus der Chaos-Forschung ist bekannt, daß die Autonomie eines Unternehmens um so größer wird, je abhängiger es von seinem Umfeld ist. Will man das auf den Verkäufer übertragen, so würde man – in der Umkehrung des Inhalts – formulieren können:

> **Die Autonomie eines Kunden ist um so größer, je abhängiger er von seinem Umfeld ist.**

Wenn also ein Kunde oder Käufer das kulturelle und zeitgeistige Umfeld permanent in sein mentales System integriert – wenn also seine Identität immer abhängiger wird vom fluktuierenden Umfeld –, dann hat er am meisten Autonomie. *Seine Freiheit ist am größten, weil er genauso ist wie die ganze Welt.*

In der landläufigen Meinung interpretiert man das aber immer andersherum: Derjenige hat am meisten Autonomie, der sich am wenigsten mit dem, was um ihn herum geschieht, verbindet. Heute weiß man, daß Autonomie aber bedeutet, »mitfließen zu können mit dem Fluß der Dinge«. Je mehr strukturelle Kopplungen ein Mensch aufbaut, um so unabhängiger wird er.

Und das ist auch genau der Trend, den wir im Konsum-Sektor seit längerer Zeit erkennen können: *Immer mehr Konsumenten verlangen immer mehr Orientierung.* Nach der letzten Untersuchung gibt es derzeit weit mehr als 60 Prozent Orientierungs-Suchende. Und immer mehr Konsumenten entwickeln einen neuartigen *Bedarf der zweiten Ordnung,* nämlich den Bedarf an Zukünften.

Das fluktuative Umfeld erzeugt somit den fluktuativen Konsumenten. Und der fluktuative Konsument verschmilzt immer mehr mit dem fluktuativen Umfeld. Er lebt durch die strukturellen Kopplungen mit Bewegungen. Das ist die höchste Autonomie, die Konsumenten und Käufer heute verwirklichen können.

Der amerikanische Marketing-Experte Stan Rapp (»Die große Marketing-Wende«, Landsberg 1991) sieht diese Entwicklung ebenfalls als einen Mega-Trend unserer Zeit. Er verwies kürzlich in einem Interview auf das Beispiel Toyota. Dort hat man seiner Meinung nach erkannt, »daß die klassische Form der Modell-Politik ausgedient hat«. Man wird sobald wie möglich versuchen, »Kai Sin« zu betreiben, und zwar auf Basis von elektronischer Intelligenz. Und das bedeutet nichts anderes als »konstante Fortentwicklung«.

Produzent und Kunde stehen dann in einem *permanenten Dauer-Kontakt*. Man interagiert nicht nur dann, wenn es etwas zu verkaufen gilt, sondern

man pflegt Interfusion ... als Dauer-Kontakte jenseits des aktuellen Verkaufens.

Schon heute kann in Japan die Stamm-Klientel, die in der gigantischen Toyota-Kunden-Datenbank gespeichert ist, Autos via Terminal mit einer Vielzahl individueller Extras ausstatten lassen. Und diese Extras sind nicht etwa sündhaft teuer, weil sie »obendrauf« kommen, sondern erstaunlich erschwinglich, weil die permanente Selbstorganisation der potentiellen Kunden kontinuierlich und damit frühzeitig in den eigentlichen Produktions-Prozeß einfließt. Die strukturelle Kopplung wird zum Regisseur der Produktion.

Rapp glaubt, daß hier eine große Konsumenten-Revolution vor der Tür steht. Er sagt: »Schon in zehn Jahren wird nicht mehr die kreative Werbung, sondern der kreative Konsument sowohl den Markt als auch die Produktion steuern.« Und weiter: »Dann wird es anstelle des Wettbewerbs von Produkt-Qualitäten nur noch den *Wettbewerb der Datenbanken* geben.«

Ich glaube, daß diese Prognose im Ansatz richtig ist, wenngleich ich auch nicht glaube, daß das alles so schnell gehen wird. Aber ich glaube parallel zu Rapp, daß immer mehr Branchen und Produkt-Bereiche in diese *Interfusions-Dynamik* hineingerissen werden. Und es ist sicher richtig, was Rapp dazu sagt: »Wer sich diesem Trend nicht beugt, wird vom Markt gefressen.«

Im Grunde ist es nichts anderes als ein epochemachender Paradigmen-Wechsel für Verkauf und Vermarktung:

Der Hersteller wird zum fluktuativen Umfeld . . ., das ist es. Und aus dem Marketing im klassischen Sinne wird damit Interfusion. Und aus dem Verkaufen wird die Kette von persönlichen Symbiosen.

Soweit das Modell. Es geht nun darum zu überprüfen: Was ist ein fluktuatives Umfeld, oder was muß ein Unternehmen tun, um sich zu einem fluktuativen Umfeld zu entwickeln?

Zuerst einmal wird das sicherlich die Verkaufsförderung massiv verändern, denn sie wird, wie Wolfgang Disch richtig schrieb, immer mehr zur *Beziehungs-Förderung.*

Und aus der klassischen Werbung (Massen-Kommunikation) wird immer mehr *Life-Service,* verstanden als eine fluktuative Beziehungs-Kommunikation (siehe hierzu mein Buch: »Die fraktale Marke«, Düsseldorf 1994).

Aus Marketing wird Interfusion, also die grundsätzliche Steuerung des Unternehmens über stabile Vernetzungen und *intensive Co-Evolutionen,* wie es jetzt von Toyota bereits angestrebt wird.

Was kann der Verkäufer tun, damit die Interfusion klappt?

Und was kann der Verkäufer dazu tun? Wo steht er in diesem großen neuen Spiel der Interfusion? Zuerst einmal wird auch er mithelfen müssen, das Unternehmen nicht nur als Anbieter und Hersteller vorzustellen, sondern als Interfusions-Partner auf Dauer. Deshalb Symbiotic Selling.

Auch der Verkäufer kann bei dieser »großen Konsumenten-Revolution« (Rapp) konstruktiv mitwirken, denn er ist es, der immer dort, wo *personale Beziehungen* stattfinden, die Interfusion personal vollzieht:

> **Es ist die Aufgabe des symbiotischen Verkäufers, ein fluktuatives Umfeld für die Kunden aufzubauen.**

Aber wie? Früher reichte es, wenn man einfach gute Beziehungen aufbaute. Man rief sich öfter an, fragte nach dem Rechten, ging auch mal ein Bier zusammen trinken, schenkte sich zu Weihnachten ein paar Flaschen Wein usw. Das paßte haargenau zum klassischen Rollen-Konzept des »Sozio-emotionalen Spezialisten«. Und die meisten Verkäufer beherrschen diese Rolle sehr gut.

Und dennoch reicht es nicht mehr. Gute Beziehungen sind zwar enorm wichtig. Und eine gepflegte wechselseitige Sympathie ist immer die Hälfte der Eintrittskarte zum Erfolg. Und dennoch reicht es nicht. Wer wirklich Erfolg haben will, muß die guten Beziehungen nutzen können, um ein fluktuatives Umfeld aufzubauen. *Und das beste fluktuative Umfeld ist Zukunft...,* vermittelte Zukunft. Deshalb arbeitet das symbiotische Verkaufen mit dem

> **Konzept der Zukunfts-Partnerschaft.**

Nach meinen Erfahrungen handelt es sich aber nicht etwa um *futurologische Ergüsse,* die der Verkäufer nun auf den Kunden losläßt, also mehr oder weniger auswendig gelernte Zukunfts-Prognosen im Sinne von »Das wird kommen, und auch das wird kommen!« Vielmehr handelt es sich um diejenigen fließenden Zukünfte, die dem neuen *synthetischen Narzißmus* der Kunden am weitesten entgegenkommen.

Dieser Narzißmus ist darauf ausgerichtet, daß die Menschen ihre *Identität durch die öffentliche Diskurse* unserer Kultur aufbauen. Im Grunde ist es schon die Antwort der beginnenden Multiphrenie auf den täglichen Alltag. Die Menschen benutzen die öffentliche Welt der Ideen und der Moden – also die Welt 3 –, um ihre Ichs zu vervielfachen und um ihre Identitäten immer wieder in die Fluktuationen des Zeitgeistes schieben zu können.

Wenn ich also des öfteren von »Zukunfts-Partnerschaften« gesprochen habe, dann habe ich nicht gemeint, daß der Verkäufer zum Futurologen werden sollte, sondern ganz im Gegenteil eher zu einem *Makler der öffentlichen Diskurse,* die im Zeitgeist stattfinden. Und dafür braucht er das Zeitgeist-Monitoring, sozusagen als Dauer-Input für seine Qualifizierung.

Des weiteren ist seine Fähigkeit wichtig, Trends und Zeitgeist so einzusetzen, daß sie dem synthetischen Narzißmus entsprechen. Kurz:

> **Der symbiotische Verkäufer macht aus allgemeinen Zukünften persönliche Ich-Konzepte ... also Selfware.**

Das Arsenal, das der symbiotische Verkäufer dafür benutzen kann, besteht aus *Sehnsüchten und Selbst-Konzepten.* Und das sind genau diejenigen Größen, die am meisten im Verkaufs-Gespräch versteckt bleiben (covered behavior).

Der symbiotische Verkäufer muß also *wiederum das Unsicht-bare manipulieren.* Und jetzt kommt noch eine weitere Schwierigkeit hinzu: Sehnsüchte und Selbst-Konzepte sind fluktuativ, d. h., sie haben eine eigenständige Dynamik und damit das, was Hya Prigogine eine *»interne Zeit«* nennt.

Das macht die Aufgabe noch schwieriger: Der symbiotische Verkäufer muß Zukunfts-Impulse umwandeln können in Selfware, indem er Sehnsüchte und Selbst-Konzepte mitein-ander verbindet innerhalb der Eigenzeit dieser Prozesse.

Selfware braucht nicht Cleverneß, sondern Präkognition.

Vielleicht verstehen Sie, warum ich so intensiv davon abrate, mit dem klassischen Arsenal der Verkaufs-Manipulation zu operieren, und warum ich immer wieder die sechs symbioti-schen Attraktoren ins Feld führe. Ich bin fest davon über-zeugt, daß Selfware nur von demjenigen Verkäufer entwickelt und eingebracht werden kann, der Empathie verbinden kann mit Stimulation und – das wird jetzt an dieser Stelle sichtbar – mit

Prä-Kognition.

An sich ist das ein Begriff aus der Psi-Forschung. Tart und andere Wissenschaftler haben hier jahrelange Versuchsreihen durchgeführt. Und man kann heute sagen, daß Präkognition tatsächlich ein natürliches und hoch *effizientes mentales Instrument* ist. Es ist ein Instrument, um *vor* den Realitäten fühlen zu können.

Und genau das benötigt der symbiotische Verkäufer zumin-dest im Ansatz, um Selfware herstellen zu können, um also Sehnsüchte und Selbst-Konzepte fühlen zu können, bevor sie für den Kunden selbst akut werden.

In der Quantenphysik ist ein solcher Prozeß nichts Ungewöhnliches. Und es gibt auch schon eine populäre Praxis, die sich daraus ableitet und die man Covering nennt. Dort arbeitet man mit dem bewußten Herstellen von übergreifenden Gemeinsamkeiten.

Die Quantenphysik postuliert, daß es im Grunde *keine Subjekt-Objekt-Trennung* gibt. Uns beweist sie das auch im subatomaren Bereich außerordentlich brillant und beeindruckkend.

Wenn aber diese Distanz *lediglich eine Illusion*, also ein irritierendes Mind-Programm darstellt, dann kann man einiges tun, um dieses Mind-Programm wegzubekommen oder so weit durchlässig zu bekommen, daß ein *intersubjektiver Austausch möglicher Zukünfte* verwirklicht werden kann.

> **Die Prä-Kognition wird aufgebaut durch eine Gemeinsamkeit, die aktuell ist.**

Niklas Luhmann hat dazu einmal gesagt: »Die Verbindung zwischen zwei Systemen ist immer nur über die *Bildung eines neuen Systems* möglich.« Seiner Meinung nach entsteht erst dadurch so etwas wie ein eigentliches Gedächtnis für das eigentlich Wichtige. Wer Präkognition betreiben will, muß ein neues System aufbauen, das automatisch zwischen Systemen verbinden kann.

Ich habe mich in den letzten Jahren sehr häufig gefragt, wie man Verkäufern helfen kann, dieses *neue Verbindungs-System* in das Verkaufs-Gespräch hineinzubringen, also jenes dritte System, das zwischen zwei Subjekt-Systemen verbindet. Nur so ist schließlich Präkognition möglich, also das Vorfühlen von Möglichkeiten, die noch nicht im Raum der Realität sind.

Sie werden erstaunt sein, auf was ich gekommen bin:

Ich habe bemerkt – und auch durch persönliche Übungen an mir selbst deutlich beobachtet –, daß man *durch Trance das dritte System* herstellen kann, das zwischen dem Subjekt-System des Kunden und dem Subjekt-System des Verkäufers vermitteln kann.

Ich glaube, es ist klar, daß dieses gesuchte dritte System in gar keiner Weise ein Kommunikations-Prozeß sein kann, also z. B. *ein echter Dialog*. Was hier gesucht wird, ist außersprachlich und muß einen eindeutigen Fokus auf Potentialität aufweisen. Es kann sich also um *eine Schwingung* handeln, die zwischen Verkäufer und Käufer aufgebaut wird und die Potentialitäten (noch nicht geborene Zukünfte) fühlen und vermitteln kann.

Trance hat etwas zu tun mit »sich von sich selbst trennen«. Und wenn man von seinem eigenen Mind-System, soweit das möglich ist, entrückt ist, dann ist man zugleich ein großes Stück hingerückt worden zur Potentialität.

Man könnte in Analogie zur Autopoiese-Theorie sagen, daß Trance eine Art Umwelt-Beziehung darstellt, und zwar eine *Umwelt-Beziehung zum Feld der Potentialitäten*. Und das gesuchte dritte System wäre dann genau das, was Maturana »strukturelle Kopplung« nennt, eine strukturelle Kopplung zwischen Zukünftigem im Raum des Geistes.

In der Autopoiese-Theorie stellt sich Beeinflussung – und damit auch Verkaufen – als ein Prozeß dar, der gekennzeichnet ist durch eine besondere Art der *Kombination von Selbstreferenz und Fremd-Referenz*, also das, was Luhmann

»mitlaufende Selbstreferenz«

nennt. Man kann diese Form der struktur-gekoppelten Referenzen auch – wie es Gerhard Roth und andere tun – als »Syn-Referenz« bezeichnen. Meiner Meinung nach ist das Verkaufen den syn-referentiellen Systemen zuzuordnen, während der Geist oder die Ideen zu den selbstreferentiellen Systemen gehören, wie das folgende Schaubild zeigt:

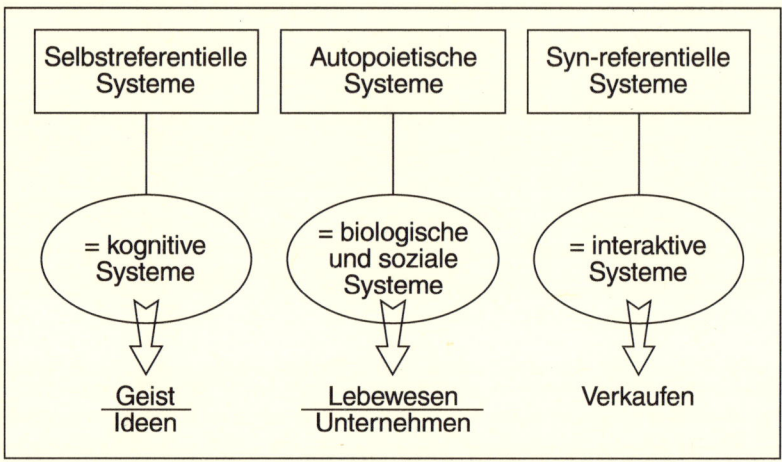

Mit dem Instrument der Präkognition hat man nun eine Möglichkeit in der Hand, zwischen der selbstreferentiellen Dynamik des Geistes und der syn-referentiellen Dynamik des Verkaufs-Aktes zu koppeln, und zwar explizit mit dem Fokus nach vorn, also zur Zukunft.

Simon hat darauf hingewiesen, daß zwischen diesen drei Bereichen der Autopoiese, die man auch als die Zonen des Bewußtseins, des Lebens und der sozialen Kommunikation bezeichnen kann, *nicht automatisch Beziehungen* gegeben sind. Er sagt, daß »diese drei Systeme füreinander Umwelt sind und füreinander jeweils nur Rauschen erzeugen«.

Man muß also eine Brücke schlagen zwischen der Leading Edge des Geistes und der Leading Edge des Dialoges, die sich durch ein dekomponiertes Gespräch ergibt.

Gelingt das nicht, kann auch keine Präkognition entstehen. Die normale soziale Kommunikation ist nämlich nicht automatisch in der Lage, »außersubjektive Wirklichkeiten« zu erkennen. Ganz im Gegenteil: Wie wir gesehen haben, ist die Sprache das Kind unserer rationalen Logik, in der wir schon seit vielen Jahrhunderten zu Hause sind.

> Symbiotisches Verkaufen muß ein Gespräch sein, das permanent die Edge aufrechterhält.

Das, was zwischen Verkäufer und Käufer also beredet wird, zwingt die beiden *immer wieder zurück zur Linearität.* Man kann also nur sehr begrenzt durch das Mittel des Dialoges das dritte System herstellen, das die beiden Subjekt-Welten verbindet und das kommende Zukünfte vorwegfühlt.

Nun, was kann man in dieser Lage tun? Zuerst einmal sollte man Abschied nehmen von der Idee, daß der Verkäufer alles im Griff haben muß und daß alles mehr oder weniger direkt und linear von ihm gesteuert und beobachtet werden kann. Wie ich schon sagte, ist es besser, mit dem Unbekannten zu operieren und damit ganz gezielt auf indirekte Ergebnisse zu setzen, also *Effekte der 3. Art.*

Das führt uns zu der Frage: Inwiefern kann Trance dem Verkäufer helfen, eine non-kommunikative Energie aufzubauen, die von sich aus das dritte System herstellt? Kann Trance den Verkäufer dazu führen, daß sich die Subjekt-Welt des Kunden mit seiner Subjekt-Welt so sehr verbindet, daß er präkognitive Effekte erzielt? Kann Trance zu außersubjektiven Wirklichkeiten führen?

Ich meine ja. Meine eigenen Experimente damit sind außerordentlich beeindruckend, wobei ich auf Basis der Forschungen von Professor Dr. Giselher Guttmann (»Das Bewußtsein« von G. Guttmann und Gerhard Langer, Wien 1991) experimentiert habe. Er ist ein in Europa sehr bekannter, renommierter Neuroforscher. Und in dem Buch schreibt er unter dem Stichwort »Altered States of Consciousness«, wie es ihm und seinem Team gelungen ist, *den Effekt der Trance naturwissenschaftlich zu untersuchen.*

Guttmann hat also eine wissenschaftliche Empirie für diesen Bereich aufgebaut, der sonst in so einem eigenartigen Nebel von Esoterik und Geheimnis zu liegen scheint.

Guttmann hat die Arbeiten von Felicitas Goodman, einer amerikanischen Ethnologin, in seine Forschungs-Arbeiten integriert. Goodman hat herausgefunden, daß die Schamanen der Naturvölker auf der ganzen Welt *spezielle Körperhaltungen* durchgeführt haben, um bewußt Veränderungen ihrer Bewußtseinslage herbeizuführen.

Charakteristisch für die meisten dieser Trance-Haltungen ist eine »starke isometrische Kontraktion einzelner Skelett-Muskelpartien, die bewegungslos längere Zeit beibehalten wird« (Goodman, Freiburg 1989).

Betrachten wir, was hier eigentlich vorgeht. Mit einer Frequenz von etwa 200 bis 210 Schlägen pro Minute wird eine rhythmisch-akustische Stimulation aufgebaut, verwirklicht durch eine indianische Rassel. Der Proband nimmt dann möglichst exakt die vorgegebene Körperhaltung ein. Je nach Position gibt es unterschiedliche Erlebnisse, z. T. in Form von »dramatisch bildhaft erlebten Geschichten« (Goodman).

Wenn nun diese Haltung ca. 15 Minuten durchgehalten wird, dann ergeben sich tatsächlich im Gehirn des Probanden extreme, ja sogar sensationelle Effekte.

Es ist das Verdienst von Guttmann und seinem Team, daß er es geschafft hat, »die besonderen hirnelektrischen Veränderungen« in der Cortex-Zone meßbar zu machen, weil genau die über die Wirkung der Trance Auskunft geben. Die Forscher wissen, daß in der Cortex-Zone ein *Gleichspannungs-Potential* gemessen werden kann, das – abgeleitet vom englischen Begriff »direct current« – international DC-Potential abgekürzt wird.

Das interessante ist nun, daß dieses DC-Potential in der Regel immer gleich bleibt, wenn der Mensch normal wach ist, also arbeitet oder redet. Es schwankt nur sehr wenig, auch wenn der Mensch sehr unterschiedliche emotionale und kognitive Prozesse vollzieht. Auch bei Hypnose verändert sich die elektronegative Aufladung der Großhirnrinde »nicht signifikant gegenüber dem normalen Wachzustand« (Guttmann).

Aber beim Schlafen, konkreter in der kurzen Zone, in der das Einschlafen beginnt, da gibt es eine enorme Verschiebung um mehrere 1000 Mikrovolt, und zwar eine Verschiebung »um rund 4000 Mikrovolt in elektropositiver Richtung« (Guttmann).

Und nun kommt das Überraschende: Bei der Trance-Übung ergibt sich bei dem Probanden ebenfalls eine extreme Veränderung des DC-Potentials. Guttmann beschreibt diesen überraschenden Effekt wie folgt:

»Unmittelbar nach Einsetzen der Trance-Induktion begann sich das DC-Potential (das wie erinnerlich im Wachzustand höchst stabil ist und nur kleine Schwankungen von rund 20 Millionstel Volt erkennen läßt, im Schlaf hingegen um einige 1000 Mikrovolt abnimmt) in Richtung Negativität zu verschieben. Es erhöhte sich also und erreichte schließlich einen Pegel, der etwa um denselben Betrag über dem Ausgangszustand lag, um den dieser beim Einschlafen reduziert wird.«

Begleitet wird dieser enorme Effekt durch sehr positive Veränderungen im *Transmitter-Bereich,* also in der körpereigenen Chemie, und auch im vegetativen Nervensystem gibt es positive Begleit-Effekte. Auch die Verbindung zwischen rechter und linker Gehirn-Hemisphäre soll deutlich verbessert werden.

Aber das wichtigste ist, daß durch diese Trance-Haltung »ein *überaktivierter Zustand* herbeigeführt wird«. Bei einigen Probanden sogar begleitet von phasenhaft langsamen Wellen im EEG, wie sie sonst ausschließlich »bei extremer Desaktivierung zu sehen ist«, also z. B. im mitteltiefen Schlaf (Theta-Phase).

Was diese Trance also erzeugt, ist ein einzigartiger Mischzustand von Überaktivierung in Verbindung mit extremer Ruhe. Guttmann nennt diesen Zustand

entspannte Hochspannung . . . paradoxical arousal.

Ja, und mit diesem paradoxen Zustand arbeite ich, wenn ich Verkäufer trainiere für das Wahrnehmen des Noch-nicht-Wahrnehmbaren, also für Präkognition. Die von Guttmann und Goodman naturwissenschaftlich analysierte Trance-Methodik ist meiner Meinung nach das ideale Instrument für den Verkäufer, um Präkognition einüben zu können.

Wie läuft das in der Praxis? Ganz einfach. Die Trance ist schnell erlernbar. Und es gibt vom Focus-Institut, Wien, Informationen und Materialien, z. B. Akustik-Kassetten oder Instruktions-Videos.

Wenn man die Trance erst einmal gelernt hat, genügt pro Tag eine kurze Trance-Übung, die mit allem Drum und Dran nicht mehr als 30 Minuten Zeit verschlingt. Das raubt zwar etwas mehr Zeit als das tägliche Zähneputzen, aber was man erhält, ist etwas sehr Wertvolles:

Man erhält ein Gehirn, das so sehr überaktiviert ist, daß es präkognitiv zukünftige Qualitäten vor-fühlen kann.

Kommen wir nunmehr zum Schluß, denn es ist alles gesagt, was es zum Symbiotic Selling zu sagen gibt. Ich will versuchen, noch einmal die wichtigsten Teilbereiche zusammenzufassen, damit eine Art Gesamt-Schaubild entsteht, ein Fahrplan für den symbiotischen Verkäufer:

Im Mittelpunkt steht die Persönlichkeit als oberster Generalisator.

Das Symbiotic Selling operiert ausgesprochen intensiv mit der Persönlichkeit des Verkäufers. Das Motto lautet:

> **Wenn die Persönlichkeit des Verkäufers besser wird, verkauft er besser.**

Wie kann nun die Persönlichkeit verbessert werden, und in welche Richtung sollte sie verbessert werden? Sicher erinnern Sie sich noch an *die sechs symbiotischen Attraktoren*. Sie bilden die Substanz für die ideale Verkäufer-Persönlichkeit.
Die fünf ersten Attraktoren müssen einzeln trainiert und ausgebaut werden, also Absichtslosigkeit, Zukunfts-Reichtum, stimulative Sprache, Liebes-Charisma und Glücks-Energie. Der sechste Attraktor (Inklusions-Codierungen) ergibt sich als Resultante aus den fünf Attraktoren. Im Mittelpunkt des Symbiotic Selling steht diejenige Persönlichkeit, die diese sechs Attraktoren in sich selbst entfaltet hat.

Open Mind ist der Fokus im Gehirn.

Hier handelt es sich um den Schwerpunkt der *Absichtslosigkeit* als Vorbedingung für das, was das symbiotische Verkaufen funktional vollziehen will, nämlich Verkaufen durch mentale Partnerschaft.

Trainiert wird – wie ich ausführlich beschrieben habe – mit den Techniken der Mind-Cards und der Meta-Programmierung. Die Qualifizierung des Open Mind erfolgt deshalb durch MIND DESIGN.

Multi-Mind als mentale Disposition.

Hier liegt der Schwerpunkt beim *Expanded Self,* also bei dem, was ich ausführlich als Multiphrenie beschrieben habe. Multi-Mind ist das innere Verhalten des Verkäufers, das ihn befähigt, im Dialog mit dem Kunden Zukünfte zu erfinden.

Das Trainings-Instrument, das hier ideal ist, arbeitet mit der Transformation des Ichs, gibt also dem Verkäufer eine Ausweitung seiner Identität. Das Trainings-System, mit dem ich in diesem Sinne arbeite, ist ebenfalls MIND DESIGN.

Zukünfte . . . der Rohstoff des Verkaufens.

Um Zukünfte stimulieren zu können, muß nicht nur das innere Verhalten des Verkäufers ideal programmiert sein, sondern auch genug aktueller Rohstoff für mögliche Zukünfte im Bewußtsein abgespeichert sein. Dieser Rohstoff bildet sich aus den vielfältigen Diskursen unserer Kultur, also aus dem, was an Ideen und Trends in der *Welt 3,* also in der Welt der Ideen, täglich neu inszeniert und diskutiert wird.

Es geht darum, den symbiotischen Verkäufer mit diesem permanenten autopoietischen Geräusch unserer Kultur strukturell so zu verbinden, daß er kontinuierlich im Fluß dieser fließenden Welt 3 integriert ist. Das Instrument dazu ist das »Zeitgeist-Monitoring«.

Das kann aber nur dann wirklich effizient sein, wenn es *kontinuierlich allen Verkäufern angeboten* wird. Es wird also die Aufgabe der Verkaufsleitung sein, ein derartiges Zeitgeist-Monitoring zu installieren und zu vermitteln.

Narrative Sprache . . . die Kunst der Stimulation.

Ich glaube, es ist deutlich geworden, daß das Symbiotic Selling eine große Distanz zur üblichen Rhetorik und Argumentations-Taktiken aufweist. Das Credo lautet: Eine wirklich erweckende Sprache kann man nicht wirklich trainieren. Sie muß das indirekte Ergebnis von *Empathie* sein.

Je entwickelter die Empathie des Verkäufers ist, um so mehr wird seine Sprache automatisch experimentell und erweckend. Dieser Aspekt wird indirekt durch die sechs Attraktoren abgedeckt, denn der 3. Attraktor lautet ja »Stimulative Sprachführung«.

Was ich zusätzlich noch trainiere, ist die Fähigkeit, beim Sprechen *vor seinem inneren Auge das zu sehen, was man gerade spricht.* Dann wird automatisch die Sprachführung sehr erzählend. Und wenn sich Stimulation und Imagination miteinander verschmelzen, dann bekommt man eine tastend erzählende Sprache, die aber nicht lange Monologe erzählt, sondern immer suchend-stimulativ bleibt: die ideale Sprache für Leading Edge.

Ich trainiere das durch *Imaginations-Übungen.* Die meisten Verkäufer haben hier bisher wenig Probleme gezeigt. Es ist mehr eine Art Koordinations-Training für das Gehirn.

Prä-Kognition ... die unsichtbare Brücke.

Dieser Faktor hat zwei Funktionen, zum einen die Funktion, die unterschiedlichen Subjekt-Welten von Verkäufer und Kunde miteinander zu verbinden, und zum anderen die Funktion, die noch nicht erlebten Sehnsüchte vorzufühlen, ebenso wie die noch nicht realen Zukünfte.

Das hat nichts mit der normalen Intuition zu tun. Intuition ist meistens nichts anderes als ein Sammelbecken von Vergangenheits-Erfahrungen, mental eingekapselt in Gefühls-Cluster.

217

Was wir aber für Prä-Kognition brauchen, ist tatsächlich die Fähigkeit, jenseits der Sprachgrenze vorzufühlen. Erst hinter dieser Sprach-Grenze beginnen die *Potentialitäten,* also die »möglichen Möglichkeiten«. Und das Instrument dazu ist *Trance,* wie ich es beschrieben habe und wie sie von Guttmann empirisch analysiert worden ist. Trance ist die Praxis der Prä-Kognition.

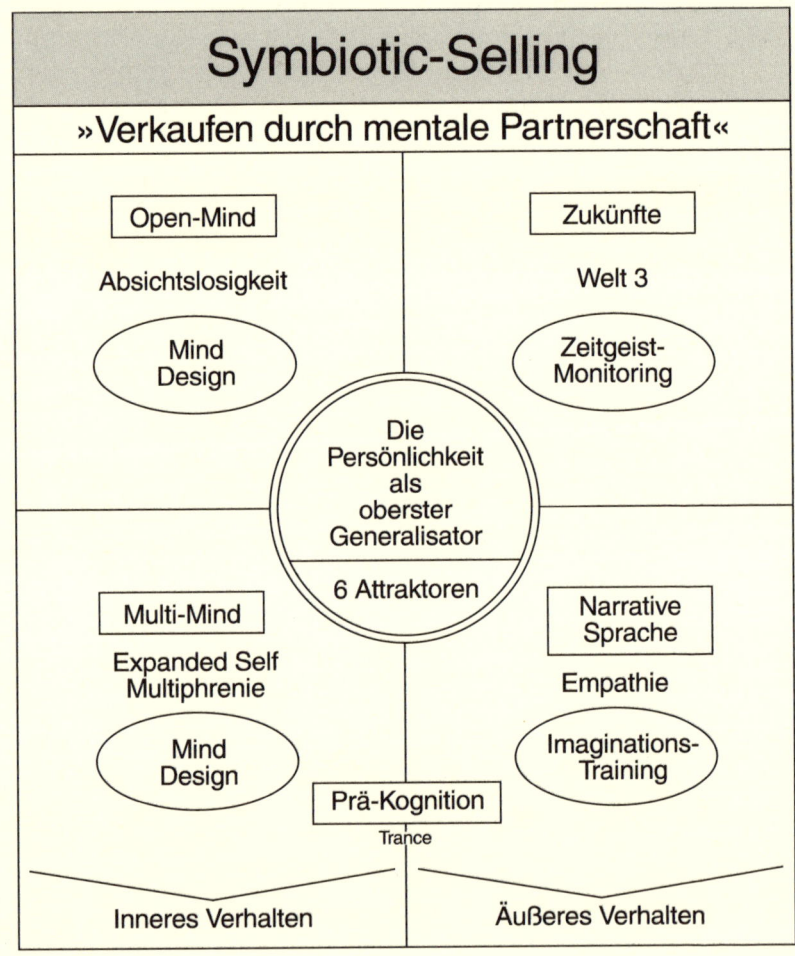

Das vorstehende Schaubild zeigt noch einmal die Verbindung und Plazierung dieser unterschiedlichen Faktoren und Trainings-Instrumente.

Was bleibt noch zu sagen?

Wie gesagt, ich liebe Verkäufer. Deshalb ist es meine Hoffnung, daß sie sich befreien von der engen Logik der Strategien. Und von der Trickkiste der Cleverneß. Und von den Dogmen der kalten Manager-Rationalität. Der befreite Verkäufer setzt mehr Menschlichkeit ein. Das ist ein Fortschritt, der uns allen zugute kommt:

> **Der symbiotische Verkäufer fördert die Verbesserung unserer Evolution.**

SYMBIOTIC SELLING

ANHANG

DAS TAO-PROJEKT

>>Paradoxerweise tut das Tao nichts,
aber es schafft alle Dinge.<<

J. C. Cooper

Dieses Buch gehört zum TAO-Projekt. Es ist die 6. Veröffentlichung im Rahmen dieses Projektes. Das erste TAO-Buch wurde im März 1990 im ECON Verlag veröffentlicht und trägt den Titel

Management by Love.

Das zweite TAO-Buch wurde im Oktober 1990 ebenfalls im ECON Verlag veröffentlicht, und zwar mit dem Titel

Abschied vom Marketing.

Es entwickelt die Prinzipien des TAO weiter, die sich auf folgende Inhalte konzentrieren:

- Die Erfahrung der Wirklichkeit
  als subjektive Konstruktion
- Verschmelzen und Mitfließen
  als neue Instrumente der Planung
- Liebe und Menschlichkeit
  als Quelle der Energie und Produktivität

Das dritte TAO-Buch trägt den Titel

Geist ... das Geheimnis der neuen Führung.

Es erschien 1991 und beschreibt drei weitere Bausteine des praktischen TAO im Management unserer Zeit:

- Kontext
- Zeit
- Spirit

Das vierte TAO-Buch, erschienen 1992, führt ein in die Dynamik des Wandels, verstanden als Chaos-Dynamik. Deshalb trägt es den Titel

Manager ... die Helden des Chaos.

Die fünf zentralen Dimensionen, die dieses Buch beschreibt, lauten:

- Offenheit
- Instabilität
- Spontaneität
- Tempo
- Komplexität

Anfang 1994 erschien der nächste Baustein mit dem Titel:

Die fraktale Marke: Eine neue Intelligenz der Werbung.

Hier werden die neuen Prinzipien der Markt-Kommunikation beschrieben, z. B.,

- Das Prinzip der Fraktalisierung von Marken
- Das Prinzip der autopoietischen Werbung

Das Buch, das Sie nun gerade in Ihren Händen halten, geht einen Schritt weiter in die Praxis. Sein Titel

Der befreite Verkäufer: Besser verkaufen ohne Strategie

deutet bereits an, daß es das erste Buch ist, das versucht, das neue Paradigma der Wissenschaft auf die Methoden des Verkaufens zu übertragen. Zugleich ist es ein Buch, das versucht, dem Verkaufen einen neuen Fokus zu geben, der sich aus der Gehirn-Forschung ergibt: die Mentalisierung des Verkaufens. Vielleicht interessiert es Sie, warum ich dieses TAO-Projekt initiiert habe und was in Zukunft geplant ist. Hier ist das vollständige Programm:

Warum es das TAO-Projekt gibt.

Ich hatte eine Verabredung mit einer Studentin. Sie wollte Auskünfte und Ratschläge von mir, weil sie eine Diplomarbeit schrieb. Sie studierte Betriebswirtschaftslehre bei einem der führenden Betriebswissenschaftler. Und diese Diplomarbeit war anders als die meisten anderen Diplomarbeiten, handelte sie doch vom Verhältnis zwischen Management und Spiritualität. Deshalb brauchte sie Hilfe, denn in der normalen Universitäts-Bibliothek fand sie kaum Materialien zu diesem Thema.

Die Studentin hatte ihre Arbeit in den Grundzügen schon fertig, so daß sie mir die gefundenen Beziehungen zwischen neuem Bewußtsein einerseits und dem Management in *»fortschrittsfähigen Unternehmen«* andererseits klarmachen konnte.

Ich hörte mir die vielen Argumente und Strukturen ihrer Recherchen an, und je länger sie vortrug, um so mulmiger wurde mir. Es handelte sich im Grunde um eine minutiöse Auflistung vieler Facetten des Managements im Hinblick auf innere Wandlungs- und Fortschritts-Fähigkeit. Und immer, wenn sie ihre Thesen, die weitestgehend abgestimmt waren mit dem, was »mein Professor von mir verlangt«, vorlas, hatte ich das Gefühl, daß das Gegenteil ebenso richtig sein könne. Obwohl das alles sehr akademisch klang und außerordentlich präzise in Kategorien und Dimensionen unterteilt war, hatte ich immer das Gefühl, daß es sich hier um eine willkürliche, *rein intellektuelle Ordnung* handelte.

Nachdem sie zum Schluß – ein bißchen müde vom vielen Reden – die letzte Schlußfolgerung vortrug, fragte ich sie vorsichtig: »Nun, Sie haben sehr umfangreich beschrieben, was New Age und Spiritualität ist und was ein fortschrittsfähiges Unternehmen ist. Nun stellt sich aber die Frage: Woher kommt nun die Energie für die notwendigen Wandlungen? Woher kommt die mentale Kraft für den Fortschritt im Unternehmen?«

Woher kommt diese Kraft?

Darauf wußte meine Studentin keine Antwort. Und als ich sie immer wieder provozierte mit der Frage der Energie, meinte sie, das sei im Grunde eine überflüssige Frage. Die Mitarbeiter in den Unternehmen müßten arbeiten. Von daher käme die Energie. Es gäbe ja schließlich den Zwang zum Brotverdienen, das sei so etwas wie die Basis-Energie. In der Betriebswirtschaft, die sie jahrelang gehört und studiert hat, gäbe es keine andere Quelle für diese Energie.

Ich ließ nicht locker. Immer wieder provozierte ich sie mit der Frage, woher die mentale Energie für den Fortschritts-Prozeß in den Unternehmen kommt. Woher die geistige Kraft für die Transformation der Organisation kommt. Wieder dachte sie lange nach. Und dann verwies sie auf Pläne, auf Strategien, auf Ziele und auf das klassische Projekt-Management. Kurz: »Pläne erzeugen diese Energie!«

Dann schaute sie mich lange an, etwas ungläubig lächelnd, so als wollten ihre Augen ausdrücken, wie sehr sie im Innersten selbst daran zweifelte. Ich antwortete ihr: »Nein, die Energie für Fortschritts-Fähigkeit kommt von Glauben und Liebe.«

Da lachte sie und sagte, mit derartigen Vokabeln und mit soviel poetischem Ballast könne man das Problem der Betriebswirtschaft weder erfassen noch operationalisieren. Glauben und Liebe..., das habe nichts mit Betriebswirtschaft und der Fortschrittsfähigkeit von Unternehmen zu tun. »Nein«, sagte ich, »aber es hat etwas mit Spiritualität und neuem Management zu tun. Denn wenn man schon die Frage der Fragen stellt, nämlich, woher die zentrale Energie für die vielfältigen Wandlungen in den Unternehmen kommt, dann muß man auch den Mut haben hinzuschauen, woher die Energie immerzu fließt: Energie kommt aus dem Kosmos. Und die Frage stellt sich, wie kann ein Unternehmen oder ein Manager diese kosmische Energie anzapfen, um sie für seine Arbeit und für das Unternehmen nutzbar zu machen?«

Nein, die Frage nach der Energie beantwortet die Betriebswirtschaftslehre nicht, selbst wenn sie sich um Fortschrittsfähigkeit und innere Wandlung intensiv bemüht. Die Betriebswirtschaft spricht von der Fortschrittsfähigkeit der Organisation, ohne die energetische Quelle für diese Fähigkeit mit einzubringen.

Aber: Ohne Glaube kann ein Unternehmen sich nicht energetisieren. Und um Glauben zu erwecken, benötigt man die gemeinsame Liebe zu einer Vision. Vision kann man definieren als *ein Medium, das Glauben in eine Company trägt.* Nur wenn Gruppen einen gleichausgerichteten Glauben haben (Kohärenz), sind sie in der Lage, mehr Energie zu produzieren, als sie durch ihre Aktivitäten in die Prozesse eingeben.

Und Liebe? Liebe ist ein Wort, das offensichtlich überhaupt nicht zum modernen, rationalen Management paßt, eher zu romantischen Gedichten, Pop-Musik und privaten Zärtlichkeiten. Aber Liebe definiert den Grad der Identifikation mit einer Aufgabe, mit einer Arbeit, mit einem Unternehmen, mit einem Team, mit einem Chef. Liebe ist *die Quelle für Sozialenergie,* wenngleich man auch in den Unternehmen kaum Liebe zur Liebe sagt, sondern eher von »Handlungsleidenschaft« oder – schlichter noch – »überdurchschnittlichem Engagement« spricht.

Das alles hatte sich die Studentin ruhig angehört. Dann fragte sie mich: »Meinen Sie wirklich, ich könnte in einer Diplomarbeit etwas über den energetischen Hintergrund von Glaube und Liebe schreiben? Die Arbeit würde nicht angenommen werden, und wenn, dann würde sie eine schlechte Benotung bekommen. Lassen wir das!«

Ja, das war mein Schlüsselerlebnis, das zum TAO-Projekt führte. Mir wurde damals schlagartig klar, daß die rationale und abstrakte Betriebswirtschaftslehre gar nicht in der Lage ist, die mentalen Kräfte hinter den Prozessen zu beschreiben, weil sie mit einer Sprache und mit einer Modellbildung arbeitet (also auch mit einem Wirklichkeits-Modell), das auf *Präzision und materielle Wirklichkeit* ausgerichtet ist. Die Universitäts-Lehre wird damit Opfer ihrer eigenen Mythologie, Kaufmann spricht in diesem Zusammenhang vom *»myth of managerial omnipotence«*.

Alles, was im metaphysischen oder mystischen Raum existiert – also z. B. Sozialenergie, Glaube und Sympathie –, wird dadurch *automatisch weggefiltert* und damit instrumentell ausgegrenzt. Wenn man also fragt, was macht ein Unternehmen fortschrittsfähig, und dabei Liebe, Geist und Sozialenergie ausklammert, dann beantwortet man im Grunde nicht die Frage »Was bringt die Energie für diesen Fortschritt«, sondern die Frage »Wie sieht dieser Fortschritt aus«.

Und das ist das Dilemma der Betriebswirtschaftslehre. Sie beschreibt Phänomene und objektive Prozesse. Sie beschreibt aber nicht die Welt hinter diesen Prozessen. Sie negiert die unsichtbaren Kräfte hinter sichtbaren Prozessen.

Langfristig gesehen wird das für die Betriebswirtschaftslehre, so wurde mir durch dieses Gespräch mit der Studentin klar, viele Probleme bringen. Denn in der internationalen Szene läuft die Betriebswirtschaft mehr und mehr auf das Paradigma komplexer, offener Systeme zu, d. h. z. B. auf *Selbstorganisation*. Je mehr Selbstorganisation ein Unternehmen aber einsetzt, um so mehr Energie braucht es. Ich nenne das *die Dennoch-Energie.*

Das ist die Energie, die Fehler positiv überfluten läßt. Das ist die Energie, die zum Ziel wird, obwohl das Ziel ungenau formuliert ist. Das ist die Energie, die den Erfolg bringt, obwohl die Planung vielleicht nicht perfekt war. Das sind die »geheimnisvollen Kräfte«, die dennoch zum Ziel führen.

Das erinnert an das Paradigma der neuen Medizin. Auch dort beginnt man umzudenken. Man gibt den Organen nicht mehr direkte, lineare Hilfe oder Reparatur, sondern gibt den einzelnen Organen diejenige Energie, die sie befähigt, sich selbst zu heilen. Selbsthilfe, Selbstheilung und Selbstorganisation, das sind die neuen Prämissen, um in hochkomplexen Konstellationen flexibel und offen reagieren zu können.

Die Betriebswirtschaftslehre hat den Faktor »Energie« immer noch ausgeklammert. Oder – anders ausgedrückt – sie geht, wie meine Studentin, stillschweigend davon aus, daß immer genug Energie vorhanden ist. Motto: Die Menschen müssen ja arbeiten, um sich ihr »tägliches Brot« zu verdienen. Damit wird eine *niedrige Basis-Energie,* die an der Grenze von Zwang und Pflicht angesiedelt ist, zur Grundlage betriebswirtschaftlicher Modellbildung gemacht.

Das TAO-Projekt versucht nun, dieses Energie-Dilemma zu überwinden. Und deshalb arbeitet es mit zwei Thesen:

1. Wir brauchen eine Methodik, um soziale und persönliche Energien zu erwecken. Wir brauchen für Unternehmer und Manager eine Box of Instruments, um das Energie-Quantum zu steigern. Diese Arbeit wird eher metaphysischer und geistiger Natur sein. Das TAO der Energie beantwortet die Frage, wie man die Energie in den Unternehmen steigern kann.

2. Die rational-abstrakte Betriebswirtschaftslehre beschreibt ausschließlich vorbildlich, wie man diese Energien auf definierte Ziele steuern kann.

Mit anderen Worten: Die Betriebswirtschaftslehre beschreibt präzise Steuerungs-Prozesse, das TAO-Projekt beschreibt präzise Wege zur Energie-Erweckung.

Wenn es also richtig ist, daß die Unternehmen in Zukunft wesentlich wandlungsfähiger und fortschrittsfähiger sein müssen als bisher, dann müssen wir uns auch der Frage stellen, wie wir den Geist weiterentwickeln können und wie wir die Sozialenergie weiterentwickeln können. Das TAO-Projekt versucht hier, begehbare Wege zu finden.

Am Schluß unseres langen Arbeitsgespräches war meine Studentin sichtlich resigniert. Sie sagte: »Es ist mir und meiner Arbeitsgruppe schon öfter aufgefallen, daß unser Professor in seinen Vorlesungen sehr nahe, bis an die Grenze von Liebe, Bewußtsein und Geist herangeht, aber irgendwie paßt es nicht zur *inneren Ideologie der Betriebswirtschaftslehre*, diese Energiefelder mit zu berücksichtigen. Vielleicht ist deshalb die Querverbindung zwischen New Age und fortschrittsfähigem Unternehmen eine Verletzung der ideologischen Muster dieser Disziplin.«

Nun, ich kann nicht einsehen, daß die Betriebswirtschaftslehre, nur weil sie rational und abstrakt ist, mentale Faktoren für alle Zeiten ausklammern sollte. Deshalb das TAO-Projekt. Es versucht, *die energetische Seite des Managements* ebenso zu methodisieren, wie die Betriebswirtschaftslehre die prozessuale Seite methodisiert hat.

Natürlich weiß ich, daß die energetische Seite von der Betriebswirtschaftslehre aufgrund ihres rationalen Wissenschafts-Modells zwangsläufig ausgeblendet werden muß. Man kann mit rationalen Methoden eben das nicht beschreiben, was nicht rational ist. Energie ist eine mystische und mentale Angelegenheit. Und das Mystische und Mentale kann nur mental und mystisch beschrieben oder erfahren werden. Jede Dimension benötigt ihr eigenes Erlebnis- und Erfahrungs-System.

Das TAO-Projekt will die mentale Seite des Managements mit mentalen Kriterien erfassen und instrumentell nutzbar machen.

Das TAO des Managements ist die Beschreibung des Weges zu persönlichen Energien und zu kollektiven geistigen Gruppen-Kräften. Und *diese Energien sind singulär*, d. h., man kann sie nie beschreiben durch abstrakte Kategorien und Klassifizierungs-Systeme. Man muß sie persönlich erfahren. Man muß persönlich den Weg gehen, um über diese Kräfte verfügen zu können. Insofern verlangt das TAO des Managements auch eine *persönliche Transformation,* ein persönliches Engagement, das weit über Wissen und abstraktes Begreifen hinausgeht.

Den Spirit kann man nicht erfahren, indem man »Spirit« aufs Papier schreibt.

BWL und TAO

> »Das Eigentliche wird
> ausgeblendet, wenn man das
> Eigentliche rational erfassen will. «

Die klassische Dimension der Betriebswirtschaftslehre und die rationalen Instrumente der strategischen Planung beschreiben eher *die Seite der Technik* im Management. Das TAO-Projekt soll dagegen eher die Seite der *Kunst im Management* beschreiben. Die rational-abstrakte Seite ist gut für die Festlegung präziser Steuerungsfunktionen im Hinblick auf Ziele. Die mystisch-energetische Seite ist gut für die Erweckung derjenigen Energien, die ausschließlich durch Strategie und Ratio-Management zu steuern sind.

Beides zusammen ergibt das *ganzheitliche Management,* von dem so viele träumen und derzeit sprechen. Ganzheitliches Management . . ., das ist sicher das Zusammenklingen beider Seiten: der technischen Seite des Managements, wie sie die Betriebswirtschaftslehre beschreibt, und die energetische Seite des Managements, wie es das TAO-Projekt zu beschreiben versucht.

Auf dem Weg zum ganzheitlichen Management wird die Betriebswirtschaftslehre mehr umdenken müssen, als es den Experten derzeit klar ist. Warum? Die Betriebswirtschaftslehre ist eine Lehre, die man durch Wissensvermittlung lernen kann, denn sie ist *eine abstrakte Methode.*

Wie jede abstrakte Methode beruht sie auf Postulaten. Die Postulate der Betriebswirtschaftslehre sind die der *exakten Naturwissenschaften.* Und deren Grundüberzeugungen lauten nach Peter Eisenhardt, Dan Kurth und Horst Stiehl (»Du steigst nie zweimal in denselben Fluß«, Reinbek 1988):

– Die Wirklichkeit ist feststehend.
– Die Wirklichkeit ist identisch.
– Die Wirklichkeit ist in ihrer Grundstruktur zeitlos.
– Die Wirklichkeit ist an sich strukturiert.

Auf diesen Postulaten ruht die Betriebswirtschaftslehre mit ihrem Versuch, Präzision und Exaktheit in die Prozeß-Beschreibungen einzubringen. Wenn eine Wirklichkeit feststehend, identisch, zeitlos und zugleich strukturiert ist, dann kann sie – so die Annahme der Betriebswirtschaftslehre – *übersehen und vorausgesehen werden.* Deshalb benötigt die Betriebswirtschaft z. B. das System und nicht die persönliche Erfahrung.

Aber die Entwicklung der allgemeinen Wissenschaft ist inzwischen viel weiter. Viele Wissenschafts-Kritiker haben darauf hingewiesen, daß dieses Modell der Wirklichkeit im Grunde *eine Selbsttäuschung darstellt,* die lautet: Die Abstraktion ist die Wirklichkeit.

Und die Illusion, die dahintersteckt, lautet: »Man glaubt, die an sich seiende Struktur der Realität bildet sich im Denken ab.« Peter Eisenhardt, Dan Kurth und Horst Stiehl nennen diese Illusion »eine rein ideologische Interpretation«.

Das TAO-Projekt versucht also auch, schädliche Ideologien in Betriebswirtschaftslehre und Management sichtbar zu machen. Und diese werden zumeist erst dann sichtbar, wenn man bereit ist, die andere Seite anzuerkennen. Und das, obwohl sich diese nicht rational-abstrakt darstellt. Wir dürfen also nicht den Fehler machen, nur das als logisch und wirklich zuzulassen, was abstrakt und rational formuliert ist. Wir dürfen nicht den Fehler machen, Täuschungen, Illusionen und Ideologien nur deshalb als Wirklichkeit zu »glauben«, weil sie mit rationalem Vokabular vorgetragen werden.

Werfen wir nun einen Blick auf das TAO des Managements.

Auch das TAO ist nur eine Lehre, genau wie die Betriebswirtschaftslehre. Sie arbeitet nicht mit Wissensvermittlung, sondern mit einem Lehrsystem, weil sie weiß, daß Menschen erst einen *echten Weg gehen müssen*, um die Wirklichkeit hinter den Phänomenen erleben zu können.

Das TAO ist also kein Wissens-Gebäude, das man auswendig lernen kann, sondern eine Anleitung für jemanden, der gehen will ..., gehen zur Kraft. Damit wird klar, wie das TAO des Managements als Energie-Modell arbeitet: Die eigentliche Wirklichkeit liegt hinter den Beschreibungen und Abstraktionen. Hinter diesen Phänomenen liegt die Energie für diese Phänomene. Hinter den Prozessen sitzt die Kraft für die Prozesse.

Der Weg zu dieser Kraft, so die Grundüberzeugung des TAO-Projektes, kann deshalb nicht durch Abstraktion und Wissens-Vermittlung gefunden werden, sondern nur durch eine *Kette von Erlebnissen,* die an die konkrete Wirklichkeit so nahe wie möglich heranreichen.

TAO benötigt deshalb den gegangenen Weg. Das Wirklichkeits-Modell des TAO beruht ebenfalls auf Postulaten, die versuchen, »möglichst abstraktionsfrei« Wirklichkeiten aufzufassen. Diese Postulate lauten:

1. Die Wirklichkeit ist *prozessual* und keineswegs statisch. Sie wird und ist wesentlich in der Zeit.

2. Die Wirklichkeit ist *diskret und heterogen* und keineswegs kontinuierlich und homogen-identisch.

3. Die Wirklichkeit ist *lokal* und keineswegs global überschaubar. Sie ist jeweils nur örtlich – an den Orten möglicher Beobachtung – strukturiert.

4. Die Wirklichkeit ist *Wechselwirkung,* nicht an sich seiend,

sie ist überhaupt nur existent, wenn sie auf einen Beobachter (der z. B. auch ein Meßinstrument sein kann) eine Wirkung ausübt und von diesem Beobachter eine Wirkung erleidet.

Dieser wechselseitige Prozeß, in dem lokal-diskrete Größen ausgetauscht werden, konstituiert erst die Wirklichkeit.

Warum das TAO-Projekt wichtig sein könnte.

Weil es mit Energie zu tun hat. Weil es die Lehre des Weges zur Kraft ist. TAO wird definiert »als die transzendentale Erste Ursache« (J.C. Cooper: »Der Weg des TAO«, München 1985).

TAO ist also die erste Ursache, die *Ursache hinter den Ursachen*. Sie ist die energetische Quelle, die dauernd fließt. Und je näher ein Unternehmer oder Manager an diese Quelle herankommt, um so mehr Energien hat er für seine Vorhaben. Das TAO energetisiert also Strategien. Das TAO energetisiert Pläne und Konzepte. Das TAO energetisiert das Führen. Das TAO energetisiert Führungsprozesse. Das TAO energetisiert Gruppenhandlungen. Das TAO energetisiert kreative Findungs-Prozesse.

Warum ist der Faktor »Energie« jetzt plötzlich wichtiger als noch vor wenigen Jahren? Nun, das Umfeld, in dem Betriebswirtschaft und Management gehandhabt werden, hat sich entscheidend verändert. Wir entwickeln uns mit wachsendem Tempo auf eine Informations-Gesellschaft zu, die zugleich eine hochkomplexe und multi-vernetzte Weltwirtschaft sein wird.

Das führt zu folgenden neuen Herausforderungen:

1. Der Grad der Komplexität für das Management nimmt zu.

2. Der Grad der Unübersichtlichkeit nimmt zu (beides

zusammen hat dazu geführt, daß seit einiger Zeit mehr und mehr Vordenker des Managements sich von Ratio, Logik und Strategie entfernen.

3. Die Turbulenz nimmt zu (also das Maß an Überraschungen und Brüchen).

4. Die Paradoxa nehmen zu (also nehmen die linearen Wahrheiten ab; wir müssen uns daran gewöhnen, daß gleichzeitig immer mehr Ungleiches oder Widersprüchliches richtig ist).

Darüber hinaus sind die Mitarbeiter in den Unternehmen anders als noch vor 10 bis 20 Jahren. Eine starke partizipative Welle hat sich durchgesetzt. Die Mitarbeiter sind kritischer, mündiger und in hohem Maße wertegewandelt. Das führt dazu, daß ein Teil der Mitarbeiter viel stärker als je zuvor echte Herausforderungen sucht, während ein anderer Teil sich auf eine »freizeit-orientierte Schonhaltung« (Lutz von Rosenstiel) zurückgezogen hat. Es herrscht das Phänomen der »inneren Kündigung« vor. Experten sprechen davon, daß rund 50 Prozent der Mitarbeiter innerlich gekündigt haben. Wir brauchen also neuartige Methoden, um die Sozialenergie in den Unternehmen deutlich zu erhöhen.

Faßt man all diese Aspekte zusammen, so ergibt sich folgendes Bild:

1. Die neue Zappeligkeit des Umfeldes verlangt von den Unternehmen eine Flexibilität und Wandlungsfähigkeit, wie sie nie zuvor verlangt wurde. Für diese permanente Wandlung (permanente Transformation) benötigt jedes Unternehmen mehr Energie als zuvor.
   Fazit: *Wir benötigen mehr Energie für mehr Wandel.*

2. Das Niveau der Sozialenergie in den Unternehmen ist zu gering, um im internationalen Wettbewerb bestehen zu

können. In den meisten Industrienationen (bis auf einige wenige Ausnahmen im asiatischen Raum) sinkt seit Jahren das Produktivitäts-Niveau auch im Bereich des Büro-Sektors. Um die wachsenden Herausforderungen bewältigen zu können, muß ein neues Maß für Selbstmotivation und Handlungsleidenschaft entwickelt und entfacht werden: Fazit: *Wir benötigen mehr Energie für mehr Produktivität.*

Was sind die drei Kräfte der TAO-Energie?

Energie ist also das neue Schlüsselwort, um die Umfeld-Probleme und die inneren Produktivitäts-Probleme zu lösen. Aber was ist nun Energie? Was ist der Unterschied zwischen einer normalen Energie (z. B. Strom oder Dampf-Druck) und der Sozial-Energie? Was ist der Unterschied zwischen einer beobachtbaren, physikalischen Energie und einer mentalen Energie?

Als Laotse, von dem man sagt, er sei der Gründer des Taoismus, um das Jahr 600 v.Chr. im Staate Chou lebend, das Buch »Tao Te Ching« schrieb, ging es ihm in erster Linie um die Urkraft, also um das, was man im Taoismus »die erste Ursache« nennt. Der Weg des TAO ist der Weg zu den zentralen Kräften. Und es ist deshalb lohnend, zu überprüfen, welche dieser Kräfte auch für das moderne Management nutzbar gemacht werden können und welche Kräfte mit unserem neuen Weltbild und mit dem sich jetzt entwickelnden neuen Paradigma eines expandierenden Universums in Übereinstimmung gebracht werden können.

Analysiert man den Weg des TAO, wie er von Laotse selbst und vielen Autoren, die ihm folgten, beschrieben wurde, so erkennt man, daß es drei Kräfte sind, die von der TAO-Energie (erste Ursache) verursacht werden:

1. **Die Kraft des Werdens**
2. **Die Kraft der Liebe**
3. **Die Kraft des Nicht-Tuns (Wu-wei).**

Die Kraft des Werdens.

Die Kraft des Werdens beruht auf der Annahme, daß es einen Geist gibt, der die biologische und kulturelle Evolution des Menschen steuert. Das System einer höheren harmonischen Ordnung. Für das TAO ist wichtig, daß dieser Geist nicht vorschreibt, wohin die Reise zu gehen hat. Es gibt keinen Plan . . ., nur die Absicht, zu werden. Die evolutionären Prozesse des Werdens werden im Taoismus als fließende Prozesse beschrieben, wobei sich das Fließen durch permanente Wandlungen vollzieht. Dabei sind Offenheit und Paradoxa die begleitenden Faktoren. Das Modell des TAO geht mit dem Geist folgendermaßen um: »Wo keine entsprechende Begabung ist, verweilt das TAO nicht. Wo keine äußere Korrektheit ist, wirkt das TAO nicht.«

Damit wird gesagt, daß nur derjenige die Kraft des TAO nutzen kann, der eine entsprechende mentale Form geformt hat. Das TAO fließt nur dort hinein, wo der Mensch eine adäquate Form bereitstellen kann. Um den Geist zu nutzen, benötigt man das *Instrument der geistigen Formung.* Um die Kraft der Evolution (also die Kraft des Werdens) energetisch nutzen zu können, benötigt man also die Fähigkeit, Evolution zu sehen oder Evolution zumindest fühlen zu können, um sich so in den evolutionären Prozeß einschwingen zu können.

Das alles sind geistige, ja mystische Prozesse. Denn wie formt man einen Geist? Und wie koppelt man sich an evolutionäre Strömungen an? Das sind Fragen, auf die die klassische Betriebswirtschaftslehre keine Antwort weiß. Deshalb das TAO-Projekt.

Im TAO ist es wichtig, daß alles fließt. Das wichtigste Stichwort für die Kraft des Werdens ist deshalb *»Fließen«.* Und dieses Fließen kommt zustande durch eine permanente Kette von Wandlungen. Die letzte Wandlung wird durch die neueste Wandlung wiederum gewandelt. Alles ist *permanente Wandlung.*

Im Taoismus gibt es kein strenges Entweder-Oder und auch keine feste Unterscheidung zwischen Schwarz und Weiß wie in der westlichen Logik, wie J.C. Cooper schreibt. Anders als die Griechen und Aristoteles hat man im TAO nicht versucht, Endgültigkeit und Verbindlichkeit einzubringen. Aristoteles ging von dem Credo aus, »tertium non datur«, also »Es gibt kein Drittes«. Im Taoismus liebt man die Paradoxa, also *die Unstimmigkeiten* sehr. Und es gibt im Taoismus immer das dritte und das versöhnliche Element, durch das alle Stimmigkeiten wieder unstimmig werden, alle Festigkeiten wieder erodieren und der Fluß wieder zu fließen beginnt. *Die Kraft des Werdens geschieht durch offenes Fließen.*

Die Kraft der Liebe.

Im Taoismus wird die Kraft der Liebe durch den »Weg des Weisen« ausführlich beschrieben. Der Weise steht für Liebe. Es ist interessant, daß der Begriff der Liebe im Taoismus anders verwendet wird als in unserem Kulturkreis. Liebe hat hier nichts mit Leidenschaft, erhöhtem Adrenalinspiegel und verzückter Emotionalität zu tun. Für den Taoisten ist Liebe gleichbedeutend mit *»im Mittelpunkt ruhen«.* Allzu heftige Gefühle, allzu große Leidenschaften lassen den Weisen aus seiner Mitte fallen, und dann reduziert sich für ihn die Zufuhr der TAO-Kraft. Mit den Worten des Dichters William Wordsworth: »Mit einem Auge, das durch die Kraft der Harmonie und die tiefe Kraft der Freude still geworden, durchschauen wir das Leben der Dinge.«

Liebe hat im Taoismus etwas zu tun mit dem *»Leersein«.* Nur wer leer ist, was allzu egoistische Bestrebungen betrifft, kann Liebe schenken und kann sich mit dem Kraftstrom des TAO verschmelzen. Und nur wer in diesem Sinne »leer« ist, ist auch in der Lage, sich mit anderen zu verschmelzen und sie dadurch teilhaben zu lassen an dem Geheimnis der Kraft. »Der wahre Mensch ist leer und ist alles. Er ist unbewußt und ist überall. So vereinigt er auf geheimnisvolle Weise sein eigenes Selbst mit seinem anderen Selbst« (Laotse).

Laotse hat ausführlich darauf hingewiesen, wie wichtig diese *Ego-Leere* ist, um zur wirklichen Kraft zu kommen. Er sieht in diesem Sinne Künstler und Führer (also Politiker, Herrscher und – wie wir heute sagen – Manager) vor gleiche Probleme gestellt. J.C. Cooper hat das wie folgt beschrieben: »Wie der Weise nichts mit Persönlichkeitskult zu tun hat, so hatte der Künstler kein Verlangen danach, sein Ego auszuprägen oder durch seine Persönlichkeit zu beeindrucken. Im Gegenteil, das Ziel der heiligen Kunst liegt darin, das Ich in dem spirituellen Geist aufgehen zu lassen. So ›signierte‹ der taoistische Künstler selten seine Bilder. Sein Werk war nicht der Ausdruck einer individuellen Psyche oder – wie Albert Gleizes es ausdrückt – ›persönlicher physiologischer und psychologischer Konvulsionen‹, sondern des Wirkens des Geistes in der Kreativität: ›erzeugen ohne besitzen, handeln ohne Selbstbehauptung, *Entwicklung ohne Herrschaft*‹.«

Eine andere Quelle sagt dazu: »Zu wünschen, daß bekannt würde, daß ich der Autor bin, ist der Gedanke des Menschen, der noch nicht erwachsen ist. Es kann keine Urheberschaft für Ideen geben, sondern nur ein Vorzeigen. Und dabei ist es unwesentlich, ob von einem oder mehreren Köpfen.«

Man sieht, daß das TAO dem Weisen die Fähigkeit zuschreibt, so leer und so harmonisch und zugleich abgehoben zu werden, daß er die Kraft der Liebe als Katalysator nutzen und als Mittler weiterleiten kann. *Die Kraft der Liebe geschieht durch Absichtslosigkeit.*

Die Kraft des Nicht-Tuns.

Im Taoismus hat man sehr früh erkannt, daß nicht alle Wirkungen durch direkte, lineare Handlungen hervorgerufen werden. Da gibt es z.B. sehr präzise Beschreibungen für die

Kraft des »Redens ohne Reden«. Um diese Kraft geht es. Es handelt sich um den Faktor der *Selbstorganisation,* der jetzt auch vom Westen entdeckt wird. Ein idealer Führer, so beschreibt ihn zumindest Laotse, bewirkt Selbstorganisation und sorgt dafür, daß andere das können, was sie ohne den Führer sonst vielleicht nicht gekonnt hätten. Aber er ist nicht Führer in dem Sinne, daß er durch Anordnungen, Ge- und Verbote und Kontrolle Menschen wirklich führt, er ist eher so etwas wie ein Kultivierer, ein Katalysator . . ., heute würde man Coach dazu sagen.

Das deckt sich sehr mit den neuen, besonders aus den USA kommenden Meldungen über ein Umschalten des Managements vom klassischen Führungsprinzip (führen als vormachen und besser machen) zugunsten einer Selbstorganisation.

Es geht also um Selbstorganisation. Wie kann man die Selbstorganisation organisieren? Wie kann man durch das Nicht-Tun dafür sorgen, daß Selbstorganisations-Prozesse stattfinden und optimiert werden?

Das entscheidende Wort hierfür ist *Verschmelzen.* Die Grundüberzeugung des TAO lautet: Je mehr ich mich mit einer Situation oder Konstellation verschmelze, um so weniger Regeln brauche ich, um so weniger abstrakte Modellbildung benötige ich. Das deckt sich sehr mit dem, was hervorragende Unternehmer in letzter Zeit artikuliert haben: Der bemerkenswerte Unternehmer Schläpfer hatte einmal darauf hingewiesen, daß in seinem Unternehmen im Grunde alles falsch gemacht wird, wenn man die klassischen Prinzipien der Betriebswirtschaftslehre zum Maßstab nimmt. Auch Abedi, der Gründer der BCCI-Bank – auch ein vorbildlicher neuer Manager mit viel Erfolg –, hat darauf hingewiesen, daß nach den klassischen Regeln sein Management überhaupt nicht funktionieren dürfte. Obwohl es mit hervorragender Effizienz und Rendite arbeitet.

241

Es geht also um den Erfolg trotz falscher Regeln oder um *die Wirkung ohne Regeln.* Durch indirekten Einfluß, verursacht durch Verschmelzen. Eine typische Stelle dazu aus dem Lehrgebäude des TAO: »Für ihn (den Weisen des TAO) besteht keine Notwendigkeit, Einfluß auszuüben. Er zieht die Menschen auf ganz natürliche Weise an. *Die Menschen folgen dem, der das TAO hat,* wie die Hungrigen der Nahrung folgen, die sie vor sich sehen. Weil er alle potentiellen Möglichkeiten des Menschen erfüllt, hat er das vollkommene Verstehen.« Mit anderen Worten:

> Wer das TAO hat, hat die Liebe.
> Wer die Liebe hat, hat die Energie.
> Wer die Energie hat, hat das Bewußtsein.

Für den Taoisten ist es sehr wichtig, daß die Gesetze und Regeln auf ein Minimum beschränkt werden. Wer die Energien bei sich und in Gruppen entflammen möchte, der muß auf Freiheit und *Entwicklung in Freiheit* achten. Deshalb sollten die Vorschriften, Regeln und Begrenzungen immer auf ein absolutes Minimum beschränkt werden. Selbstorganisation benötigt Selbstentfaltung. Und Selbstentfaltung ist nicht möglich, wenn Menschen auf den »Status von Sklaven« (J.C. Cooper) herabgewürdigt werden.

Heute würde man sagen: Wenn das heute übliche Modell der Kader-Disziplinierung nicht bald überwunden wird, wird das Umschalten auf Selbstorganisation, Selbstmotivation und Selbstkontrolle nicht möglich werden. Man kann die gewünschte neue *Flexibilität durch Selbststeuerung* nicht wirklich wollen, wenn man gleichzeitig nicht neue Modelle für mehr Freiheit, für mehr Sinnvermittlung und auch für mehr Spaß an der Arbeit organisieren kann. Das klassische Modell der Arbeits-Organisation ist nach wie vor rational, kartesianisch und – was die Werte betrifft – protestantisch-disziplinierend. Dieses Modell zu überwinden ist ein Anliegen des TAO-Projektes.

Die Kraft des Nicht-Tuns kommt aus der taoistischen Sicht aus der Fähigkeit der Geführten, ihre *eigenen Potenzen* wachsend zu erfahren und zu entwickeln. Gibt es zuviel Strategie, zuviel Regeln, zuviel Vorgaben, zuviel Kontrolle, so werden die Geführten »abhängig von Regeln und Verordnungen und verwechseln die Mittel mit dem Zweck«. Mit taoistischen Worten: »Sie verlieren den Weg.« Sie verlieren also ihre Energie. *Die Kraft des Nicht-Tuns geschieht durch Loslassen und Zulassen.*

Fassen wir an dieser Stelle noch einmal zusammen, so erkennen wir:

TAO ist das Wort für die universelle Energie. Sie wird die »transzendentale Erste Ursache« genannt. Und aus dieser Ersten Ursache, die wie eine Quelle aufzufassen ist, entspringen drei permanent fließende Kräfte, die vom Unternehmer und Manager genutzt werden können: die Kraft des Werdens mit dem Faktor der Evolution, die Kraft der Liebe mit dem Faktor der Weisheit und die Kraft des Nicht-Tuns mit dem Faktor der Selbstorganisation.

Das folgende Schaubild zeigt noch einmal den Aufbau des TAO-Projektes mit den drei zentralen Kräften, die für das moderne Management wichtig werden können:

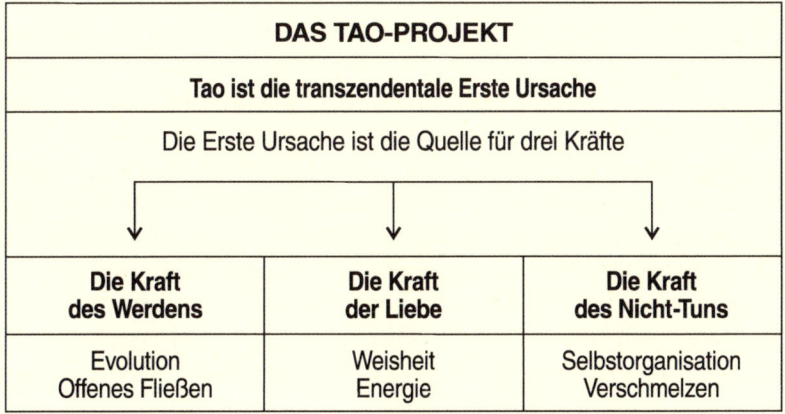

DAS TAO-PROJEKT		
Tao ist die transzendentale Erste Ursache		
Die Erste Ursache ist die Quelle für drei Kräfte		
Die Kraft des Werdens	Die Kraft der Liebe	Die Kraft des Nicht-Tuns
Evolution Offenes Fließen	Weisheit Energie	Selbstorganisation Verschmelzen

Die fünf zentralen Management-Kriterien des TAO-Projektes.

Natürlich hat auch die Betriebswirtschaftslehre (oft in Zusammenarbeit mit Unternehmensberatungs-Firmen) in den letzten Jahrzehnten vieles entwickelt, um das Phänomen der Führung methodisch und wissenschaftlich zu beschreiben.

In CAPITAL 10/88 wurde z. B. eine Analyse veröffentlicht zum Thema »Was Management-Theorien wirklich taugen«. Die Autoren gaben dem Beitrag die etwas süffisante Headline »Heldensagen«. Und in der Tat ist immer dann, wenn Theoretiker abstrakt das Phänomen der Führung – also die Kunst der Menschenführung – beschreiben, immer vieles dabei, was zwar vom Vokabular sehr eindrucksvoll klingt, aber oft nur sterile Methodik oder gar kurzlebige Mode ist. Da gibt es z. B. »Symbolik-Management« oder »Attributs-Theorie der Führung« oder den »9,9-Stil« nach Blake/Mouton. All das sind rational-abstrakte Verhaltens-Methoden, die weder das Charisma eines Führers noch den Weg zur Kraft beschreiben.

Führung ist immer die Lösung eines Grund-Dilemmas, das CAPITAL richtig beschrieb: »die Organisation effektiv und zugleich die Mitarbeiter zufrieden zu machen«. Also ist Führung *immer ein sozialer Prozeß.* Es bedeutet das Lebendigwerden von Visionen, das Herstellen von Kohärenz und Einheitlichkeit, das Aufbauen eines guten Klimas (Sozio-Sound) und das Herstellen einer kreativen Kultur. Das sind alles soziale, also zwischenmenschliche Prozesse. Deshalb ist es nicht verwunderlich, daß so viele »Management-by«-Moden immer wieder präsentiert und gelobt werden, obwohl man schon wenige Jahre später nichts mehr davon hört.

Denn all diese rationalen Patentrezepte vernebeln im Grunde das eigentliche Problem: Führung ist in erster Linie *die Qualifizierung des Führenden,* und in zweiter Linie ist sie die

Fähigkeit, Sozialenergie formen zu können. Also den Weg zur Kraft zu kennen.

Führung hat demnach wenig mit der Manipulation derjenigen zu tun, die geführt werden sollen, sondern viel mehr mit der Transformation derjenigen, die führen möchten.
Das TAO-Projekt will deshalb versuchen, den Weg zur Qualifizierung der Führung aufzuzeigen, jenseits von Patentrezepten, rationalen Modellen und linearen Wenn-dann-Methoden.

Das Credo der TAO-Führung lautet demnach:

> **Man kann nur dann gut führen, wenn man den Menschen nicht im Wege steht.**

Das TAO des Managements hat darauf fünf zentrale Faktoren abgeleitet:

1. **Energetisieren**
2. **Entfalten**
3. **Formen**
4. **Verschmelzen**
5. **Fließen**

Das *Energetisieren* ist hauptsächlich eine Funktion von Liebe, Sozialenergie und *High-Trust*. Was bedeutet High-Trust? In jedem Unternehmen existiert ein ungeschriebener Vertrag über die Art und Weise, wie Menschen miteinander umgehen wollen. Und die Art, wie Menschen miteinander umgehen, ist praktizierte Liebe. Wenn ein Unternehmen einen High-Trust-Vertrag formulieren, statuieren und auch kontrollieren kann (z. B. durch einen sozialen Ombudsmann), dann *reduziert sich der Grad der Destruktivität* bei gleichzeitig aufblühendem geistigen Wettbewerb.

Beim *Entfalten* geht es hauptsächlich um die Vermittlung von

Bewußtsein. Auch Bewußtsein kann geführt werden, und zwar durch Kontext-Vermittlung. Kontext und Bewußtsein sind in Zusammenhang zu bringen mit Zeit, weil es typisch ist für energetisches Führen, *früher das richtige Bewußtsein zu haben.*

Die Dimension des *Formens* beinhaltet als zentralen Faktor die Vision. Vision wird definiert als ein Medium, das Glauben in ein Unternehmen trägt. Hier handelt es sich also um die Fähigkeit, Zukünfte imaginativ zu formen und sie durch schriftliche und mündliche Kommunikation anderen rational und emotional zugänglich zu machen, *damit ein gemeinsames Wollen entsteht* (Kohärenz).

Verschmelzen ist diejenige Dimension, die die Umfeld-Dynamik berücksichtigt. Das wichtigste Instrument ist das Networking, also die Vernetzung mit Szenen, Gruppen und sozialen Fragmenten, dazu kommen die Techniken der Interfusion, z. B. Szenen-Sponsoring und Dialog-Foren. Außerdem gehört die Issue-Politik dazu, die in zunehmendem Maße die klassische PR ablöst. Issue-Politik ist das Organisieren eines fairen Dialoges mit den Für- und Widersprüchen der Gesellschaft bei bewußter, garantierter Ausschaltung von Info-Manipulation. Die Verschmelzung *fördert die Kooperation des Unternehmens mit der Gesellschaft.*

Die letzte Dimension betrifft das *Fließen.* Es ist ebenfalls stark umfeld-orientiert. Das wichtigste Instrument ist das *Monitoring,* das systematische Erfassen von Veränderungen, Trends und sozialen Strömungen. Dazu kommt die Abkehr vom Kampagnen-Denken, wie es im Marketing üblich ist, und vom strategischen Block-Denken, wie es typisch ist für zentral organisierte und hierarchisch gegliederte Unternehmen. Fließen wird nur möglich durch das Instrument der *prozessualen Planung,* die wiederum jedoch das erforderlich macht, was im amerikanischen Sprachgebrauch »organization transformation« (OT) genannt wird, die Fähigkeit, durch Zirkel-Techniken und flexible Gruppen-Strukturen Planung und Handlung kontinuierlich wechselseitig vernetzt durchführen zu können. *Planung geschieht dann immer, weil auch Handlung immer geschieht.*

Der Aufbau des TAO-Projektes.

Das TAO-Projekt will dort weitergehen, wo die Betriebswirtschaftslehre keine Worte mehr findet. Es will den rational-abstrakten Bereich überschreiten und den energetisch-mystischen Bereich für Unternehmen und Manager eröffnen. Insofern lautet das Ziel: einen Baustein zu finden für ein *ganzheitliches Management,* das die rational-strategische Dimension des Managens verbindet mit der neuen energetischen Dimension.

Es geht also auch um eine Balance zwischen Gefühl und Geist, zwischen Technik und Kunst. In der Theorie des TAO sagt man, daß die Gefühle zur Zerstreuung und Vergeudung tendieren, wenn sie nicht vom Geist oder vom Intellekt kontrolliert werden. Aber man sagt auch, daß der Geist, wenn er nicht vom Gefühl beeinflußt wird, zu Härte und Versteinerung neigt. Deshalb geht es darum, dem Management wieder die *zirkuläre Wirkung von Gefühl und Intellekt* zu eröffnen.

Das Ziel des TAO-Projektes ist es auch, den Unterschied zwischen Wissens-Sammlung und Weg-Gehen deutlich zu machen. Wie J. C. Cooper richtig schreibt, »bekommen wir im Wissen mehr und mehr, im TAO bekommen wir weniger und weniger«. Und dieses Weniger bedeutet, sich selbst weniger im Weg zu stehen, damit das TAO, also soziale Ur-Energie fließen kann.

Das Konzept des TAO-Projektes.

Das TAO-Projekt wird in zwei Etappen vorgehen. In der ersten Etappe wird das klassische TAO, wie es von Laotse entwickelt worden ist, genutzt werden. Die drei Schwerpunkte habe ich bereits beschrieben:

- Die Kraft des Werdens,
- Die Kraft der Liebe,
- Die Kraft des Nicht-Tuns.

In der zweiten Etappe werde ich neue Materialien vorlegen, um auch die Grenzen und Fehler des klassischen TAO zu zeigen. Ich werde also ein neues Buch vorlegen zum *Neuen TAO*. Denn auch das TAO wandelt sich. Und viele Dimensionen des TAO stimmen nicht mehr überein mit den neuen Erkenntnissen der Quantenphysik, der Kosmologie und der entstehenden neuen Paradigmen der Wissenschaft.

Beispielsweise betont das alte TAO, daß alles fließt. Fließen und Verschmelzen sind zwei wesentliche Elemente des klassischen TAO. Aber das zeitliche Modell des Fließens ist im alten TAO zyklisch, während die neue Lehre vom Universum gerade die zyklische Zeit als »Illusion von Menschen« erkannt hat. Das Universum selbst expandiert. Und die Wissenschaft hat eine neue Einstellung zur Zeit und Irreversibilität gewonnen. Nichts steht vorher fest, nichts gibt es zweimal. Alle zyklischen Modelle führen deshalb zur Passivität und reduzieren die Verantwortung für das irdische Leben. Genau das ist auch das, was man oft den Asiaten und den Taoisten vorgeworfen hat: die unterentwickelte Weltlichkeit und der fehlende Zugang zum Fortschritt.

Auf Basis des neuen Wissenschafts-Paradigmas soll in der zweiten Etappe versucht werden, das TAO neu zu formulieren, um dann anschließend dieses Neue TAO für Management und Führung nutzbar zu machen.

Die Bücher des TAO-Projektes.

In der Phase I sind es sieben Bücher. Jeder Baustein in Form eines Buches. Die folgende Übersicht zeigt den Aufbau der Phase I mit ihren fünf Dimensionen:

248

DIE DIMENSION dES TAO	DIE MANAGEMENT-INSTRUMENTE	DIE BISHERIGEN TAO-BÜCHER	DAS NEUE TAO-BUCH
Energetisieren	Liebe Sozial-Energie High-Trust	**Management by Love** ECON, 1990	
Verschmelzen	Networking Interfusion Lifeware Selfware Issue-Politik Mimesis/ Symbiotic	**Interfusion: Abschied vom Marketing** ECON, 1990	**Der befreite Verkäufer: Besser verkaufen ohne Strategie** ECON, 1994
Fließen	Monitoring Prozessuale Planung	**Interfusion: Abschied vom Marketing** ECON, 1990 **Die fraktale Marke: Eine neue Intelligenz der Werbung** ECON, 1994	
Entfalten	Bewußtsein Kontext Zeit Mind-Cards Symbolische Codierung	**Geist, das Geheimnis der neuen Führung** ECON, 1991	
Formen	Vision Glaube Trial-Planung	**Manager ... die Helden des Chaos** ECON, 1992	

In der Phase II geht es um das Neue TAO. Hier wird es folgende Bücher mit folgenden Inhalten geben:

> **Das Neue TAO**
> **Das energetische Management**
> **TAO und Lebenskunst / Coaching**

Zusätzlich ist ein Trainings-Programm entwickelt worden. Es hat folgenden Schwerpunkt:

> **MIND DESIGN**
> **Meta-Programmierung für Unternehmer und Manager**

Alles in allem: Das TAO-Projekt versucht, die Weisheit und Höhepunkte des alten TAO für das Management aufzuschließen und zugleich ein Neues TAO zu entwickeln, das dem neuen Paradigma der modernen Wissenschaft entspricht, so daß neben den klassischen Aspekten des Fließens und des Verschmelzens auch die neuen Aspekte der Entfaltung von Evolution und der Formung von Geist enthalten sind.

Das TAO erfahren und erleben ...

In den letzten Jahren habe ich sehr häufig Kontakt mit Studenten der Betriebswirtschaftslehre gehabt. Meistens ging es um Diplomarbeiten oder Dissertationen. Ich erinnere mich noch genau an ein Gespräch mit einem Studenten, der gerade im Abschluß-Semester war. Wir diskutierten sehr intensiv über die Sterilität und Kälte der Betriebswirtschaft und die Unfähigkeit dieses Lehrsystems, seine eigenen ideologischen Grenzen zu transformieren.

Wir analysierten u. a., wie modern die Führungs-Konzepte sind, die heutzutage gelehrt werden. Er hatte dazu seine

Materialien, Skripte und Unterlagen mitgebracht. Wir verglichen seine Universitäts-Papiere mit den aktuellen Entwicklungen in der Praxis. Zum Schluß sagte er resigniert: »Mein Wissens-Material ist ja völlig veraltet und überholt. Ich glaube noch nicht einmal, daß es einsetzbar ist, wenn ich eines Tages in einer Führungsfunktion sein werde. Na ja, dadurch habe ich immerhin eines erreicht. Ich habe durch mein Studium der Betriebswirtschaftslehre Wissenschaft gelernt, ich habe gelernt, wie man wissenschaftlich arbeitet. Das ist auch etwas. Aber das Eigentliche, das, worum es wirklich geht, um als Unternehmer oder Manager erfolgreich zu sein, dieses Eigentliche habe ich nicht gelernt!«

Vielleicht kritisiert unser Student hier zu hart. Vielleicht kann die Betriebswirtschaftslehre den Weg zur Kraft, den Schlüssel zum Charisma und den Mut zu Liebe im Busineß nicht vom Katheder aus lehren. Denn das »Eigentliche« kann vielleicht überhaupt nicht gelehrt werden.

Das, worum es im TAO-Projekt geht, nämlich die vielfältigen Formen der Energie, das ist wissenschaftlich nicht lehrbar. Energie kann nur in der *persönlichen Erfahrung* erfaßt werden und nicht in den Begriffen über Energie.

Deshalb lernen die Studenten der Betriebswirtschaft, also der kommende Führungs-Nachwuchs, ein Beschreibungs-System, aber sie lernen nicht, wie man den Weg zu gehen hat, um zu dem Beschriebenen zu kommen. Sie lernen den Begriffs-Apparat für Erfolg, aber nicht den Weg zum Erfolg.

Was wir also in Zukunft brauchen werden, ist eine Trainings-Stätte für

Erfahrungs-Wissen,

um die spirituellen und mentalen Dimensionen der Energien persönlich und emotional erleben zu können. Was wir brauchen, ist vielleicht ein Trainings-Camp für die Elite des jungen Managements, damit sie die

Wirklichkeit der Energie

erleben können. Denn: *Wirklichkeit kann nur in der Erfahrung wirklich werden.*

Hören wir dazu Peter Eisenhardt, Dan Kurth und Horst Stiehl: »Wirklichkeit ist ja nicht bloßes Komplement zu Abstraktion und Theorie, sondern etwas in der *Erfahrung* sich Offenbarendes. Die wissenschaftliche Erfahrung aber ist eine verarmte Erfahrung. Der Wissenschaftler ist ein umgebauter Mensch (Francis Bacon), ein Mensch, der einer Gehirnwäsche unterzogen wurde. Sein Geist wurde gereinigt und von allen Stimmungen, Gefühlen und Empfindungen bei der Arbeit befreit, damit die Modelliteration störungsfrei verlaufen möge. Das gelingt natürlich nur teilweise.«

Das TAO-Projekt will versuchen, diese Erfahrungs-Lücke zu schließen, vielleicht als Grundlage für eine Lehre vom energetischen Management.

THE NEW SPIRIT OF MANAGEMENT

Der Jugend im Management gewidmet.

Gerd Gerken   Worpswede 1994

252

Das Institut hat sich zur Aufgabe gemacht, der Wirtschaft im deutschsprachigen Raum wichtige zukunftsweisende Trends in qualifizierter und regelmäßiger Form zu präsentieren. Basis ist das RADAR-SYSTEM, daß als Analyse-Verfahren Anfang der achtziger Jahre von Gerd Gerken entwickelt wurde, um die Komplexität und Dynamik von Trends systematisch erfassen zu können.

Das RADAR-SYSTEM basiert derzeit auf 26 Mega-Trends und beobachtet kontinuierlich die dynamischen Verläufe von rund 160 Trends. Darüber hinaus werden globale Meta-Trends diagnostiziert und ganzheitliche Trend-Landschaften beschrieben, diese besonders für Parteien und Groß-Unternehmen.

Die Methodik des RADAR-SYSTEMS beruht auf drei Säulen der empirischen Sozial-Forschung:

1. Inhalts-Analysen von Medien mit frühen Inhalten;
2. Experten-Auskünfte;
3. Teilnehmende Beobachtung, dieses besonders in Szenen, Subkulturen und avantgardistischen Initiativen.

Das RADAR-SYSTEM fokussiert hauptsächlich den deutschsprachigen Raum und konzentriert sich dabei hauptsächlich auf kulturelle, soziale und kollektiv-psychologische Trends. Darüber hinaus werden »öffentliche Feelings« und nationale Orientierungs-Metaphern diagnostiziert, die wiederum wichtig sind, um die Dynamik der »Soft-Factors« in einem Wirtschafts-Raum prognostizieren zu können.

Auf dieser Basis berät das Institut für Zukunfts-Beratung seit vielen Jahren Unternehmer, Manager und Entscheidungsträger in Parteien und Institutionen. Im einzelnen umfaßt das Beratungs-Programm folgende Bereiche:

1. Der schriftliche Trend-Service

Dieser Service ist hauptsächlich auf Aktualität ausgerichtet. Deshalb offeriert er den Unternehmen zweimal im Monat einen

- ZUKUNFTS-LETTER mit je 20 Seiten, hauptsächlich ausgerichtet auf deutsche Trends sowie Trends aus den USA, Japan, Europa und den Trend-Metropolen New York, Tokio, Los Angeles und Miami.

Dazu gibt es folgende Beilagen:

- MIND DESIGN . . . Brain und Management

- FRAKTALE MARKE . . . die Codierung von Erfolg

- NEW EDGE . . . Art & Philosophie

Des weiteren liefert dieser Service einen speziellen Info-Letter mit dem Titel:

- GERKEN-ZUKUNFT, der dem Top-Management grundsätzliche Richtungs-Trends für die Zukunft im Busineß präsentiert.

Ergänzt wird der Service durch eine Serie von

- TREND-TREFFS, jeweils durchgeführt von Gerd Gerken in Hamburg und München.

Flankiert werden diese Service-Aktivitäten durch

- EXKLUSIV-SEMINARE, die hauptsächlich ganzheitliche und globale Meta-Trends aufarbeiten.

2. Visions-Beratung durch Zukunfts-Konferenzen

Das Institut für Trend-Forschung und Gerd Gerken bieten Unternehmen und Managern eine progressive Beratung, bezogen auf Zukunfts-Projekte und Langfrist-Planungen. Dabei werden alle relevanten Zukunfts-Aspekte in szenarischer Form, das heißt im Rahmen einer *Zukunfts-Landschaft* entwickelt und präsentiert, hauptsächlich bezogen auf

– die Zukunft der Führung;
– die Zukunft der Organisation;
– die Zukunft der Personal-Politik;
– die Zukunft der Fortbildung und Personal-Entwicklung;
– die Zukunft von Marketing und Interfusion;
– die Zukunft der Öffentlichkeits-Arbeit / Issue-Politik;
– die Zukunft der Lobby- / Verbands-Arbeit;
– die Zukunft der Produkt-Entwicklung / Innovation;
– die Zukunft von Design- und Identity-Architektur;
– die Zukunft der Marken.

3. Exklusives Trend-Monitoring per Abonnement

Dieser Service beinhaltet eine »*maßgeschneiderte Trend-Diagnose*«, die als laufender Service von Top-Managern und Entscheidungs-Trägern genutzt wird. Entsprechend den strategischen Zielsetzungen des Unternehmens wird eine Exklusiv-Diagnose aller relevanten Trend-Signale durchgeführt, um damit dem Management verläßliche Orientierungs-Daten für zukunftsgerichtete Entscheidungen zu geben. Das Monitoring ist exklusiv, es kann also pro Branche nur einmal vergeben werden. Das RADAR-Team diagnostiziert die Trend-Strömungen kontinuierlich. Präsentiert werden die Ergebnisse zwei- bis dreimal im Jahr, durch Gerd Gerken im Rahmen eines jährlichen Service-Vertrages.

4. Persönliches Coaching für Unternehmer und Manager

Darüber hinaus bietet das Institut für Zukunfts-Beratung in Worpswede innovative Konzepte für ein qualifiziertes Trainings-Programm für die mentale Qualifizierung von Managern entsprechend den Regeln des MIND DESIGN. Hierfür steht ein eigenes Coaching-House mit vielfältigen Programmen und Systemen zur Verfügung.

5. Evolutions-Tag und Visions-Tag

Der Evolutions-Tag ist ein exklusiver Workshop, der einmal im Jahr durchgeführt wird mit dem Schwerpunkt der »methodischen Praxis«. Der Visions-Tag, ebenfalls einmal pro Jahr durchgeführt, vermittelt in erster Linie den paradigmatischen Aspekt, also »das Denken jenseits der Normen«.

6. Speziell für die fraktale Marke: das Marken-Tuning

Dieser Service wandelt klassische Marken um in moderne, fraktale Marken. Ausgangs-Punkt ist eine morphische Diagnose der Marken-Substanz. Danach wird eine Mythen-Planung für die Marke durchgeführt. Auf dieser Basis werden die fraktalen Prozesse geplant, die der Marke die Magie des Zeitgeistes (Evolution) vermitteln. Das Ergebnis ist eine fraktale Marke, die die Bewegungen (Streams) der Kultur nutzt, um zur Kult-Marke zu werden.

Dieses Buch hat des öfteren beschrieben, daß Geist und Bewußtsein immer mehr zum Instrument des modernen Managements werden, weil das Management aufgrund der Kinetik unserer Welt immer mehr gezwungen wird, aktiv Bewußtsein zu formen. Wie ich beschrieben habe, gibt es sehr unterschiedliche Wege, um sich diese *Kompetenz der Bewußtseinsformung* anzueignen. Meistens sind es jedoch eher zufällige oder krisenhafte Prozesse, die den Manager zur besseren Mind-Kompetenz führen.

Die auf Seite 75 beschriebenen sechs symbiotischen Attraktoren verlangen einen Verkäufer, der als Regisseur seines Minds dem Kunden hilft, ebenfalls neuen Mind aufzubauen. Das symbiotische Verkaufen ist praktiziertes Mind-Management. Deshalb steht die *Qualität des Mind* im Mittelpunkt des neuen Verkaufens.

Das System MIND DESIGN ist ein Trainings-System, das den Zugang zur Mind-Kompetenz methodisch erschließen will. Es basiert auf der Neuro-Programmierung, wie sie von dem Neuro-Forscher John C. Lilly entwickelt und beschrieben worden ist. Das Ziel ist eine

spezifische Meta-Programmierung für Unternehmer, Manager und Verkäufer.

Unter Meta-Programmierung versteht man den Prozeß, durch den der persönliche Geist (Mind) sich selbst erweiternd programmiert, so daß dasjenige geglaubt werden kann, was bisher als »unwahr« erschien, und das entdeckt werden kann, was bisher im »blinden Fleck« verborgen war. Durch die Meta-Programmierung erhält der Mind eine höhere Regie-Ebene für seine permanente Umgestaltung.

Daraus wird sichtbar, wie sehr die Meta-Programmierung helfen kann, die in diesem Buch vorgestellten drei Zielsetzungen

- **den Geist neu machen**
- **den Geist schneller machen**
- **den Geist erhöhen**

zu erfüllen.

Diese drei Zielsetzungen ergeben zusammen die Basis für das angestrebte *TAO-Bewußtsein*, das wichtig ist für die Lenkung von komplexen und zugleich dynamischen Prozessen in den Märkten und in den Unternehmen.

Das Trainings-Programm MIND DESIGN steht auf drei Säulen:

1. **Zugang zu bisher blockierten persönlichen Mental-Ressourcen (»Öffnung der Kraft«).**

2. **Zugang zum Spirit, d. h. Erschließung der persönlichen Zukunfts-Kraft.**

3. **Entwicklung von exponded self und open mind (siehe Seite 122).**

Das Trainings-Programm MIND DESIGN nutzt unterschiedliche Erkenntnisse der Gehirnforschung, so z. B. geht es davon aus, daß die Selbst-Programmierung nicht kausal, nicht logisch und auch nicht linear vollzogen werden kann, sondern analogisch. Im Raum des Geistes gibt es nicht die Logik des Intellekts. Deshalb funktionieren die Ursachen-Wirkungs-Gesetze nur begrenzt. Dementsprechend ist

MIND DESIGN auf die Prinzipien der Selbstreferenz und der Selbstverstärkung aufgebaut.

Das bedeutet, daß »komplexe Muster« in Form einer meditativen Selbst-Programmierung verinnerlicht werden. Besonders der »meditative Aspekt« ist dabei wichtig, weil es darum geht, die komplexen Muster so tief zu »ankern«, daß sie ein Teil der persönlichen Identität werden (Selbst-Konzeptualisierung).

Dementsprechend kann MIND DESIGN nicht rational und kognitiv vermittelt werden, also z. B. in der üblichen Seminar-Form durch Vortrag und Diskussion. Und deshalb kann MIND DESIGN auch nicht sukzessiv trainiert werden, also z. B. ab und zu am Wochenende, wenn man Lust und Zeit hat.

Vielmehr benötigt das Trainings-Programm MIND DESIGN einen komprimierten ungestörten Prozeß in einer dafür speziell hergestellten Atmosphäre. Nur durch diese Intensität kann es gelingen, die neuen Elemente der Meta-Programmierung mit der persönlichen Identität so zu verschmelzen, daß der Manager zum autonomen Regisseur seiner zukünftigen Mind-Programme wird.

Eine weitere wichtige Dimension ist der Verzicht auf intellektuelle und kausale Inhalte, weil die Meta-Ebene besser erreicht werden kann durch Allegorien, Symbole, Mythen und Metaphern. Dort, in diesem »Raum der Sprachlosigkeit«, sind diejenigen Energien plaziert, die den Manager befähigen, Zukünfte zu entwerfen.

Das MIND DESIGN konzentriert sich deshalb auf diejenigen *Symbole und Mythen,* die besonders viel Kraft zur mentalen Selbstorganisation aufweisen. Das sind nach Spencer Brown (»Laws of Form«, New York 1969) diejenigen Mental-Muster, die kombinieren. MIND DESIGN nutzt also die Kraft des folgenden Paradoxons:

mehr Ruhe in mehr Dynamik.

Auf dieser Meta-Ebene wird der Manager fähig, in seine eigenen Mind-Prozesse jederzeit korrigierend einzugreifen, um sein Bewußtsein aktiv zu verändern oder schneller zu machen. Er erzielt dadurch die für Verkäufer und Manager so wichtigen Mind-Kompetenzen wie:

Expanded Self

Absichtslosigkeit

Open Mind

Das Trainings-Programm läuft über eine Woche (6 Tage) und beinhaltet pro Tag ca. 16 Stunden mentale Übungen, unterstützt durch ein exklusives Audio-Kassetten-System und Brain-Machines. Das Training wird von Gerd Gerken durchgeführt.

Informationen und Probehefte erhalten Sie beim

Institut für Zukunfts-Beratung
Muditax GmbH
Postfach 12 30
27723 Worpswede

Tel.: 0 47 92/26 56 oder 48 10
Fax: 0 47 92/26 86

Literatur

Andersen/Goolishian: Human Systems as Linguistic Systems, 1988

Beck, Ulrich / Beck-Gernsheim, Elisabeth (Hrsg.): Riskante Freiheiten, Frankfurt/M., o. J.

Becker, Gary S.: Der ökonomische Ansatz zur Erklärung menschlichen Verhaltens, Tübingen, 1992

Bitterwolf, Werner: Flexibilität des Handelns, Regensburg, 1992

Brown, Spencer: Laws of Form, New York, 1969

Campbell, Andrew / Devine, Marion / Young, David: Vision, Mission, Strategie, Frankfurt, 1992

Cooper, J. C.: Der Weg des TAO, München, 1985

Edelman, Gerald M.: Neural Darwinism, USA, 1987; Topobiology, USA, 1988; The Remembered Present, New York, 1989; Bright Air, Brilliant Fire, USA, 1992

Efran, Jay S. / Lukens, Michael D. / Lukens, Robert J.: Sprache, Struktur und Wandel, Dortmund, 1992

Fischer, Ernst P.: Die zwei Gesichter der Wahrheit, München, 1987

Fischer, Hans Rudi (Hrsg.): Autopoiesis, Heidelberg, 1991

Fischer, Hans-Rudi / Retzer, Arnold / Schweitzer, Jochen (Hrsg.): Das Ende der großen Entwürfe, Frankfurt/M., 1992

Fuchs, Peter: Niklas Luhmann – beobachtet, Opladen, 1992

Geffroy, Edgar K.: Verkaufserfolge auf Abruf, Landsberg/Lech, 1987

Geißlinger, Hans: Die Imagination der Wirklichkeit: Frankfurt/M., 1992

Gerken, Gerd: Die fraktale Marke, Düsseldorf, 1994; Manager . . .

die Helden des Chaos, Düsseldorf, 1992; Management by Love, Düsseldorf, 1990

Guttmann, Giselher / Langer, Gerhard (Hrsg.): Das Bewußtsein, Wien, 1992

Haken, Hermann: Synergetik – Eine Einführung, Berlin, 1982

Inglehart, Ronald: Kultureller Umbruch, Frankfurt, 1989

Kratky, Karl W., und Friedrich Wallner (Hrsg.): Grundprinzipien der Selbst-Organisation, Darmstadt, 1990

Kurth, Dan / Stiehl, Horst: Du steigst nie zweimal in denselben Fluß, Reinbek, 1988

Luhmann, Niklas: Soziologie des Risikos, Berlin, 1991; Soziologische Aufklärung 4: Beiträge zur funktionalen, Opladen, 1987; Beobachtungen der Moderne, Opladen, 1992

Luhmann, Niklas / Peter Fuchs: Reden und Schweigen, Frankfurt, 1989

Luhmann, Niklas / Robert Spaemann: Paradigm lost: Über die ethische Reflexion der Moral, Frankfurt, 1990

Luhmann, Niklas / Schorr, Karl Eberhard (Hrsg.): Zwischen Absicht und Person, Frankfurt/M., 1992

Lynch, Dudley / Paul Kordis: Delphin Strategien, Fulda, 1991

Lyotard, Jean-Francois (Hrsg. Peter Engelmann): Das postmoderne Wissen, Wien, 1986

Marc, Edmond / Picard, Dominique: Bateson, Watzlawick und die Schule von Palo Alto, Frankfurt, 1991

Ohoven, Mario: Die Magie des Power Selling, Landsberg/Lech, 1991

Ornstein, Robert: MULTIMIND, Paderborn, 1989

Paslack, Rainer: Urgeschichte der Selbstorganisation, Wiesbaden, 1991

Pöppel, Ernst (Hrsg.): Gehirn und Bewußtsein, Weinheim, 1989

Pressler, Günter Karl: Vom mimetischen Ursprung der Sprache, Frankfurt, 1992

Rapp, Stan, und Collins, Tom: Die große Marketing-Wende, Landsberg/Lech, 1991

Reinwald, Heinz: Mythos und Methode, München, 1991

Riegas, Volker, und Christian Vetter (Hrsg.): Zur Biologie der Kognition, Frankfurt, 1990

Rorty, Richard: Solidarität oder Objektivität? Stuttgart, 1988; Kontingenz, Ironie und Solidarität, Frankfurt, 1989

Satir, Virginia: Kommunikation – Selbstwert – Kongruenz, Paderborn, 1990

Schmidt, Siegfried J. (Hrsg.): Kognition und Gesellschaft, Frankfurt, 1992

Schulze, Gerhard: Die Erlebnisgesellschaft, Frankfurt, 1992

Sheldrake, Rupert / McKenna, Terence / Abraham, Ralph: Denken am Rande des Undenkbaren, München, 1993

Siegmund-Schultze, Manuel: Die unsichtbare Hand des Marktes: Wirtschaft und Naturgesetze, Hamburg, 1992

Simon, Herbert A.: Homo rationalis, Frankfurt/M., 1993

Sprenger, Reinhard K.: Mythos Motivation, Frankfurt, 1991

Wallner, Friedrich: Grundprinzipien der Selbstorganisation, Darmstadt, 1990

Warnecke, Hans Jürgen: Die Fraktale Fabrik, Heidelberg, 1992

Winograd, Terry / Fernando Flores: Erkenntnis Maschinen Verstehen, Berlin, 1989

Personen- und Sachregister

265

Gerd Gerken

Die fraktale Marke

Eine neue Intelligenz der Werbung

752 Seiten, gebunden, mit Schutzumschlag

Die Marke braucht eine neue Führung, weil sich der Charakter des Wettbewerbs verändert hat.
Dieses Buch präsentiert eine grundsätzliche neue Auffassung von Marke und Werbung. Es ist kein Buch, das einige Verbesserungen für gängige Techniken beschreibt... es ist das erste grundlegende Werk über die Fraktalisierung von Marke und Werbung.
Die Grundthese lautet, daß die Fragmentierung der Märkte in Zukunft eine Marke verlangt, die mit dieser Fragmentierung mitgehen kann, ohne sich im Kern aufzulösen. Also eine Marke mit »*homogener Inhomogenität*«. Und genau das ist die fraktale Marke.
Gerd Gerken hat dieses Buch in drei logische Teile gegliedert:

1. Teil: Der andere Wettbewerb
Hier wird beschrieben, daß die kulturellen Trends unserer Zeit die Kalkulierbarkeit der Märkte auflösen: *Prozesse statt Strukturen*

2. Teil: Die fraktale Marke
Welche Prozesse werden in Zukunft wichtig, um die »homogene Inhomogenität« der Marke aufzubauen? Es sind die Prozesse der *autonomen Selbst-Verstärkung*. Durch sie bekommt die fraktale Marke ihre einzigartige Magie... *die Magie der Unterschiede*.

3. Teil: Die autopoietische Werbung
Das ist eine Werbung, die neue Welten erfindet, was Autopoiese genannt wird. Damit verwandelt sich die Werbung in einen anspruchsvollen Life-Service. Das ist die neue Intelligenz der Werbung: *die Erzeugung von neuen Zukünften*.

ECON Verlag · Postfach 30 03 21 · 40403 · Düsseldorf

Von Gerd Gerken sind bei ECON erschienen und noch lieferbar:

Trendzeit
Die Zukunft überrascht sich selbst
560 Seiten, gebunden, mit Schutzumschlag

Gerd Gerken zeigt in diesem Buch für die Management-Avantgarde die wesentlichen Business-Trends, die unser Wirtschaftsleben in den nächsten Jahren bestimmen werden.

Manager . . . Die Helden des Chaos
Wenn alle Strategien versagen
1056 Seiten, gebunden, mit Schutzumschlag

In diesem Buch analysiert Gerd Gerken das strategische Management. Wie kann es in einer Welt, in der alles fließt, feste Größen geben – fragt der Querdenker. Die Lösung: Chaos-Management.

Geist
Das Geheimnis der neuen Führung
432 Seiten, gebunden, mit Schutzumschlag

Der Geist der Gesellschaft wird in den 90er Jahren immer schneller und kreativer. Gerd Gerken zeigt neue Wege, den »inneren Geist« eines Unternehmens dem neuen Tempo anzupassen.

Management by Love
464 Seiten, gebunden, mit Schutzumschlag

Mehr Erfolg in der Wirtschaft durch Menschlichkeit: Ein Sachbuch über Management, das von der Liebe handelt.

Abschied vom Marketing
424 Seiten, gebunden, mit Schutzumschlag

Dem Management neue Impulse zu geben, hat sich Gerd Gerken zur Aufgabe gemacht. Interfusion statt Marketing lautet die Strategie.

ECON Verlag · Postfach 30 03 21 · 40403 Düsseldorf